SAINTÉ SAFARI

le guide dont vous êtes le héros

deux degrés
ÉDITIONS

introduction

Voici le 3e opus des guides safari. Mieux qu'un catalogue touristique pour visiteur lambda, un safari est destiné aux habitants de la ville, à ses exilés, à ceux qui viennent s'y immerger jusqu'au cou : tous ceux qui en sont, plus ou moins consciemment, les ambassadeurs. Et pour être un bon ambassadeur, mieux vaut un partenaire qui permette de parler de sa ville, d'en retrouver les codes et de découvrir quelques lieux ou anecdotes. C'est précisément ce que l'on vous propose dans ce safari.

Saint-Étienne est une ville qui ne fait pas forcément rêver. Mais Sainté (pour les intimes) est loin d'être mal-aimée. Elle fait partie de ces villes qui jouissent d'une côte de sympathie à travers la France, car elle a une âme, une culture locale affirmée, une fierté. D'ailleurs, on ne critique pas impunément Saint-Étienne si on n'est pas soi-même Stéphanois(e). Le (la)Stéphanois(e) est modeste et s'autoflagelle à l'occasion, mais il (elle) ne se laissera pas insulter par le premier Lyonnais venu !

Après Bordeaux et Grenoble, nous avons voulu nous frotter à cette aura verte et jouer un peu à Sainté : proposer à notre lecteur(trice) de choisir son parcours à la découverte des 7 collines et de leurs habitants. Ami(e) Stéphanois(e), nous espérons que ***Sainté Safari*** te rendra (encore un peu plus) fier(ère) de ta ville, que tu ne nous en voudras pas trop pour les quelques taquineries et que tu brandiras ton livre vert jusqu'au cœur du Chaudron. Ce guide, tu en es le héros (l'héroïne) !

sommaire

Par delà les verdoyants monts du Pilat

Par delà les plages paradisiaques des gorges de la Loire

Il y a...

Une ville avec 7 collines, comme Rome (ou Jérusalem, Istanbul, Lisbonne, Tulle...), mais sans la moindre goutte d'eau.

Une ville industrielle qui a grandi grâce à l'exploitation des eaux du Furan et de son bassin houiller.

Une ville pionnière, avec plein d'inventeurs, d'artistes, une équipe de foot légendaire.

Mais une ville qui a bien morflé depuis 1976...

Pas de bol pour toi, tu arrives à Saint-Étienne en 40 après 1976 (ou 2016, c'est comme tu préfères). Du calme, tout doux, ça va bien se passer. Voilà tout d'abord quelques repères importants :

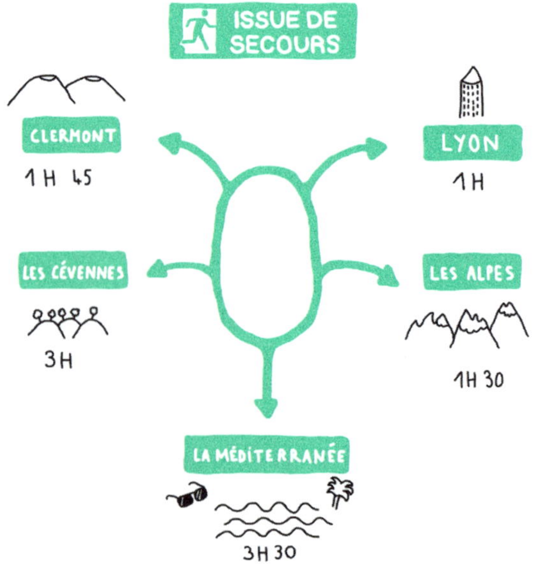

moyens de transports

Tu dois te rendre dans le centre-ville (le vieux Saint-Étienne). Choisis judicieusement ton véhicule.

LA VOITURE – Tendu(e) après ton trajet sur l'A47, la pire autoroute de France, tu ne te calmes pas du tout en avançant à 3 km/h rue du 11 novembre. À ta droite, tu vois l'École nationale de la Sécurité sociale. Au loin, un building, celui de la CPAM... Un papy en déambulateur te double. Raaahhhh! Tu te gares dès que tu peux... Mais tu ne peux pas. Abandonne ta 307 et dirige-toi vers le tram.

LE TRAMWAY – Ah ce bon vieux tram ! Il est moche mais il rend service aux Stéphanois depuis 1881. Après 17 minutes d'attente, krrkk, tu valides ton ticket. Tout est jaune. Au fond, des jeunes crient avec un accent dérangeant. Autour de toi, des mamies parlent du reportage de « FR3 » d'hier. Mais ? C'est quoi ça ? Tu t'es trompé(e) de ligne... Faut dire que 3 lignes pour le même trajet, c'est perturbant ! Descends et prends un vélo.

LE VÉLO – Tu hésites devant une station de VéliVert. Un tank à 2 roues pour lequel tu dois récupérer une clé. Hum... des collines, quelques pistes en sens inverse... Définitivement non ! Sainté, c'est la ville où l'on a fabriqué plein de vélos mais dans laquelle on ne peut pas en faire... De toute façon, tu t'en fous, tout est à 15 minutes à pied. Alors tu marches jusqu'à la page ***8***.

(110) STAS espace transport : *place Dorian – 08 10 34 23 42*

premiers contacts

Te voilà dans le centre-ville. Ce n'est pas très grand mais, pourtant, tu es perdu(e). Les bâtiments autour de toi ne t'inspirent pas. C'est gris. C'est pas très beau. Tu hésites. Il est peut-être encore temps de partir ? Alors que tu pleures discrètement, caché(e) derrière ton plan. Un vieux Stéphanois se rapproche. « Vous êtes perdu(e) ? Vous voulez aller où ? » Toute cette gentillesse te déstabilise. Tu suis le grand-père prénommé Mohamed qui t'amène rue des Martyrs. Il te propose de venir manger chez lui, de rencontrer ses petits-enfants, de t'organiser une visite de la ville le lendemain, de t'aider à trouver un travail. Tu refuses poliment.

Souhaitant reprendre des forces, tu rentres dans *La Boulangerie de l'aube*. Rodolphe, le boulanger, te salue en souriant. Tu es désarçonné(e). Tu ne savais pas que cela pouvait arriver. Mon Dieu ! Il fait une blague. Puis une autre. Tu te détends lorsqu'il t'offre un pain vert à la menthe puis un autre rose, à la framboise. Tu écoutes les autres clients qui racontent leur vie. Leur vie intime. Rodolphe n'est pas avare en détails. Ah, il te demande d'éteindre son four à pain qui sonne. Tu appuies sur tous les boutons et tu te dis que tu vas rester un peu finalement.

Tu finis cette journée au bar, prêt(e) à boire ta première gorgée de Manu, une blonde artisanale de *La Brasserie stéphanoise*. Tu effleures délicatement les gouttes de condensation sur cette belle étiquette. Tu es prêt(e) à boire ta première gorgée de cette belle blonde artisanale.

(64) Boulangerie de l'aube : *3, rue Pointe Cadet – 06 06 92 58 25 – mar. > dim 6h30 > 13h, 16h > 19h30*

(65) La Brasserie stéphanoise : *11 bis, rue Buffon – 09 81 94 27 79*

Mais... c'est pas possible ! C'est pas normal ! Des gens viennent te parler au comptoir.

↳ *Tu es troublé(e) mais tu décides de jouer le jeu et d'engager la conversation avec le jovial Lolo. Faites plus ample connaissance page* **14**.

↳ *Tu ne fais confiance qu'au vieux que tu as croisé tout à l'heure ? Retrouve Mohamed page* **12**.

↳ *Tu n'as besoin de personne pour faire ta vie à Saint-Étienne ? Tu es un(e) autodidacte. Prends un verre d'ACE et mets-toi en forme pour la page* **52**.

↳ *Tu préfères adapter ton programme en fonction de la météo ? Va à la page* **22**.

↳ *Tu souhaites commencer par une visite des institutions culturelles ? Va page* **27**.

↳ *Tu es Stéphanois(e) depuis 1978 ? Va page* **53**.

« À SAINTÉ, SOIT T'ES CHÔMEUR, SOIT TU BOSSES DANS LE SOCIAL ! »
(Simon)
Y'A AUSSI PLEIN DE GENS DÉBROUILLARDS, INVENTIFS, INVESTIS. DÉCOUVRE-LES DANS LES PAGES PROFIL.

profil

L'amical (laïque)

17h. Tu t'es pointé(e) bien trop tôt à l'Amicale laïque du Crêt de Roc pour y récupérer un panier AMAP. Mohamed, travailleur social et membre actif de l'amicale, est déjà là lui aussi. Il te propose de venir avec lui à la Préfecture pour déposer les statuts de la nouvelle asso d'échanges de services entre voisins : « C'est juste à 200 mètres ». OK.

Par contre, pour faire 200 m à Saint-Étienne, tu peux mettre 30 minutes, surtout quand tu rencontres Gérard, formateur en réinsertion et membre de l'Amicale laïque de Beaubrun ou Jeanne, éducatrice spécialisée et membre de l'Amicale laïque Michelet. Sans oublier de dire bonjour à tous les gamins de la rue. « 30 ans d'animation, je connais tout le monde ici » te dit Mohamed.

↪ *Un des gamins te défie au foot. Pars lui donner une leçon page 46.*

Mince, Mohamed parle aussi à un SDF sur deux, ils se racontent leur vie. « 20 ans de réinsertion, j'en ai vu des gens passer dans mon bureau » t'explique-t-il.

↪ *Fuis la situation et décides de changer de cadre page 24.*

↪ *Tu tentes de poser quelques questions à un pauvre berchu* prénommé Damien. « J'ai suivi mon chien depuis Grenoble. Ici à Sainté, on est beaucoup mieux. Les gens y sont sympas. » Intéressant ! Tu veux en savoir plus sur la vie de Damien ? Ouvre ton Grenoble safari.*

** Individu pour qui les soins dentaires ne sont pas une priorité*

La supportrice

Place de l'hôtel de ville : tu trouves les passants bizarres. Enfin... plus bizarres que d'habitude. Un homme écoute des chants de supporters volume 34 avec son téléphone. Un autre chante a capella : « Écoutez tous les enfants du Forez... Qui sont venus chanter Sainté allez... ». Tous habillés en survêtement blanc et vert. Ok, c'est jour de match.

↳ *Le look footeux très peu pour toi. Fonce t'acheter de vrais vêtements page 60.*

Un groupe t'accoste, tout le monde te tape dans le dos. À leur tête, Claire, une Bruce Banner locale qui se change en Hulk lorsque l'ASSE joue. Les groupes de supporters se dirigent à pied vers le stade. C'est comme un pèlerinage mais avec des pauses pour boire de la bière. Tu aimes cette énergie collective, tu les suis.

Les rangs de votre groupe grossissent au fur et à mesure que vous remontez vers le stade. À gauche, des jeunes habillés en vert. À droite, des vieux habillés en vert. Devant, des femmes habillées en vert. À l'entrée du Chaudron, tu vois Claire se recueillir. Elle communie avec le peuple vert. Mystique. Claire te tend un bonnet et une écharpe ASSE : « Il faut s'habiller pour rentrer ». Vous passez à la friterie. Le spectacle peut commencer.

↳ *Révise la compo d'équipe et suit le match page 40.*

↳ *Non mais attend, il fait -6°C, pas question de traîner ici. Puis ras-le-bol du foot ! Trouve-toi une activité bien à toi page 35.*

✪ *(105)* Stade Geoffroy Guichard : *14, rue Paul et Pierre Guichard – 04 77 92 31 70*

Le chômeur

Bruxelles a l'Atomium, Paris la tour Eiffel, Sainté a le bâtiment de la CPAM : majestueux ! C'est le fief de Lolo, chômeur chronique, que tu rejoins sur le banc attitré de sa *team*. Il t'explique que pour apprécier la vie, il faut savoir se laisser porter par ses sens... en l'occurrence par l'odeur de café torréfié qui embaume le quartier Beaubrun tous les jeudis. Vous filez donc à l'épicerie Chauvet, dans une faille spatio-temporelle vous menant en 1934, pour prendre une tasse de café. Le patron pourrait parler des heures de Sainté, mais il cause aussi du grand projet de Lolo : une machine pour stocker l'électricité. Et oui ! Car « il y a un temps pour chiller et un temps pour bosser » et Lolo utilise son temps libre pour lire *La Physique pour les nuls*.

↳ *Tous ces grands projets, ça creuse ! Alors pars manger page 55.*

15 h. Deux rayons de soleil réveillent Lolo de sa sieste. C'est un signe de mère nature, vous devez vous rendre place du Peuple pour 3 heures d'observation des gens qui passent ou qui s'arrêtent en terrasse. C'est central, cosmopolite, idéal pour discuter du dernier prototype de Lolo avec les membres de son comité scientifique : Alou, Jean, Luigi, Rachid et Sergueï.

↳ *Tut Tuuut, un ami vous appelle de sa BM série 3 et vous propose d'aller vous balader. Si tu veux le suivre, monte en voiture page 74.*

↳ *18 h approche. Lolo doit finir son projet. Accompagne-le à la page 58.*

(66) Épicerie Chauvet : *11, place Boivin – 04 77 32 18 05 – mar. > sam. 9h > 12h30, 15h > 19h30*

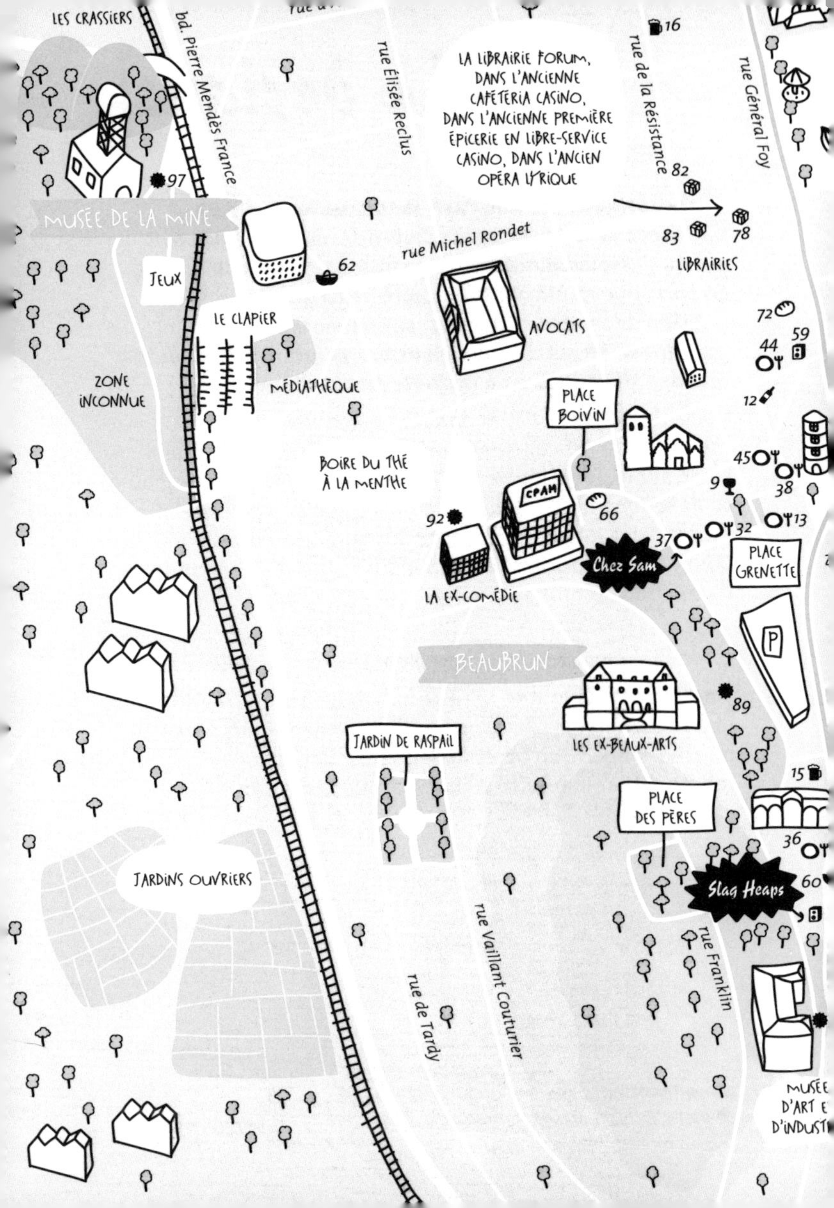
LES CRASSIERS
bd. Pierre Mendès France
rue Élisée Reclus
16
LA LIBRAIRIE FORUM, DANS L'ANCIENNE CAFÉTERIA CASINO, DANS L'ANCIENNE PREMIÈRE ÉPICERIE EN LIBRE-SERVICE CASINO, DANS L'ANCIEN OPÉRA LYRIQUE
rue de la Résistance
rue Général Foy
97
MUSÉE DE LA MINE
82
83
78
LIBRAIRIES
rue Michel Rondet
62
JEUX
LE CLAPIER
AVOCATS
72
59
44
ZONE INCONNUE
MÉDIATHÈQUE
PLACE BOIVIN
12
45
38
BOIRE DU THÉ À LA MENTHE
9
CPAM
66
92
13
32
37
Chez Sam
PLACE GRENETTE
LA EX-COMÉDIE
P
BEAUBRUN
89
JARDIN DE RASPAIL
LES EX-BEAUX-ARTS
15
PLACE DES PÈRES
36
JARDINS OUVRIERS
Slag Heaps
60
rue Vaillant Couturier
rue Franklin
rue de Tardy
MUSÉE D'ART E D'INDUST

La designer

« Saint-Étienne est une capitale du design ! » Sandra t'annonce la couleur, sur le parvis de Châteaucreux, alors que tu t'assoies sur des clous géants, à l'ombre d'un arbre en plastique multicolore. Ça doit être ça qu'elle appelle le « design de service ». Mais du coup, tu ne vois pas à quoi peuvent servir les chevaux bleus... La peinture jaune sur la Cité des affaires, ça a au moins le mérite d'être rigolo.

Vous allez ensuite flâner au Crêt de Roc, devant les magasins de ses collègues : origamis en tissu, atelier de sérigraphie, fabrique de textiles... Tu as adoré Inkoozing où tu as tout compris, alors tu t'emballes un peu place Jean Jaurès : « les jets d'eau sont là pour faire beau mais aussi pour servir de piscine l'été ». Sandra se tait mais répond d'une moue réprobatrice.

↪ *Plus compliqué que ça en a l'air cette histoire ! Une remise à niveau page 27 ne serait pas forcément du luxe.*

Sandra veut surtout te faire découvrir les sculptures de la place Chavanelle. Elle aime particulièrement un étrange machin rouge : « un objet majeur, c'est une gigogne reprenant la silhouette archétypale de la maison ».

↪ *Archétypale ? Cette chose rouge ! Ah oui ? Et c'est quoi une gigogne ? Laisse les bidules et les machins pour des objets du quotidien page 26.*

↪ *Vous finissez à la serre de l'ancienne école des beaux-arts pour y boire un coup. Ça c'est du bon design ! Sandra va continuer à t'éclairer page 67.*

(76) Inkoozing : *5, rue Paul Bert – 04 82 37 44 26*

(89) La Serre : *15, rue Henri Gonnard – 04 77 48 76 29 – jeu. > sam. 14h > 18h*

L'ancien mineur

Pour ce retour vers le futur stéphanois, ton Doc sera Jean-Pierre, ancien mineur de son état, intarissable quand il s'agit de parler du vieux Sainté. Troquant la DeLorean pour des vélos Mercier dignes de Poupou, vous foncez à la vitesse de la lumière vers 1976 et Montchovet. À la place de l'hosto se dresse la muraille de Chine, la plus grande barre HLM d'Europe. Mais Jean-Pierre ne traîne pas, il veut revoir son amour de jeunesse, sortir de l'usine. Le Centre d'affaires, le Planétarium, tout ça c'était Manufrance ! JP verse une larme au passage de la belle, mais il y a foule. En traversant St-Roch et le centre, tu réalises à quel point la ville était plus peuplée. Tu retrouves quelques repères à la Manufacture d'armes. Elle est encore en activité, mais entre les ouvriers des 70's et les designers de ton époque, il y a toujours autant de moustaches.

Et puis... il est temps. Direction Geoffroy Guichard pour le match retour contre Kiev. Tu as beau connaître le scénario, faut profiter de l'occasion.

↪ *Opportuniste, tu tentes d'acheter un lot de maillots ASSE d'époque, pour les revendre page 13.*

Minuit approchant, il est temps d'aller vers l'horloge de l'hôtel de ville... mais aucun orage n'est prévu. Puisqu'il vous faut une source d'énergie, Jean-Pierre irait bien piquer la dynamite qui servira à démolir le puits Pigeot. Il connaît le coin puisqu'il a bossé à la Ricamarie jusqu'à la fermeture, en 1989. Bloqué(e) dans le passé, tu te dis qu'il faut en profiter pour éviter à Sainté certaines des déconvenues de la page **80**.

La riche

Avant de vous rendre en ville, Samantha t'accueille dans sa villa de St-Priest-en-Jarez plutôt que dans son pied-à-terre du cours Fauriel. « 150 m² dans St-Étienne, n'importe quelle colocation d'étudiants y a accès. Et les soi-disant « Champs-Élysées stéphanois »... ils sont remplis de profs retraités et de magasins d'audioprothèses ! Ici, au moins, y'a le musée d'art moderne, ça fait du bien de voir des choses qui valent des millions ! »

Dans le garage, tu admires une Aston, un coupé SLK, une Jag... mais, pour aller en ville, c'est dans la Clio 2 que vous prenez place. Samantha t'explique qu'à St-Étienne, avoir de l'argent, c'est la honte ! Alors mieux vaut rester *incognito*. Au passage, elle regarde tes vêtements et te félicite pour ton « excellent camouflage ».

↪ *Ton ego en prend pour son grade. Il faudra mieux peser tes décisions page **29**.*

Arrivé(e)s rue des Martyrs, Samantha est enfin dans son élément. Les magasins de prêt-à-porter la soignent, elle connaît les commerçants du coin. Ils se donnent d'ailleurs tous rendez-vous ce soir à l'OBOBaR puis au Club. Mais Samantha n'a pas l'air pressée d'y aller. Retrouver quelques anciennes gloires locales, des personnages appartenant à l'une ou l'autre des 60 familles qui tiennent la ville et surtout... ses 7 ex, dur d'être riche à Sainté ! Remonte-lui le moral page **34**.

- *(90)* Musée d'art moderne et contemporain : *rue Fernand Léger – 04 77 79 52 52 – mer. > lun. 10h > 18h*
- *(1)* OBOBar : *29, rue Léon Nautin – 04 77 30 94 98 – mar. > sam. 12h > 14h, 19h > 23h*
- *(50)* Le Club : *25, rue J-C Tissot – 04 77 38 09 82 – jeu. > sam. ouverture 23h*

À VENDRE
CENTRE VILLE
T7
★★★ SUPER STANDING
230 m²
tout compris
180 000 €*
* On vous aide à déménager
* On vous offre des châtaignes

MENER À BIEN UN SAFARI, C'EST SAVOIR S'ADAPTER AUX CONDITIONS, AUX TERRAINS OU À TES ENVIES.

alerte

Météo

CANICULE ? – fin août, tu es trempé(e) de chaud après ton ascension au sommet du jardin des plantes. L'opéra est fermé, la piscine Villebœuf aussi et tu n'as croisé que 2 personnes âgées... Heureusement tu es recueilli(e) par des bénévoles du centre social Dame Blanche. Tu fais des jeux. Quelle joie ! Si tu te dis que c'est cool d'être un gamin à Sainté, vérifie à la page **28**. Si tu veux aller à la piscine, déplace-toi courageusement jusqu'à la page **58**.

IL MOUILLANCHE* ? – L'occasion idéale de réviser l'histoire de Sainté au Musée d'art et d'industrie. 1827 ? Premier chemin de fer. 1830 ? Première machine à coudre. Tu aimes aussi flâner dans le parcours « armes », t'imaginer sauver le monde avec un FAMAS ou les canons rotatifs d'une « poivrière ». Nostalgique, tu te rappelles l'expo sur le tuning : « tu nais, tuning, tu meurs ». Ça te donne envie de faire un tour en voiture page **74**.

IL NEIGE ? – Le thermomètre indique -10°C ? Les trottoirs glissent ? Tu t'en moques car tu es avec maman au salon de thé Chez Marinette. Confortablement installé(e)s dans vos canapés, vous vous réchauffez avec vos tasses en porcelaine, chaudement remplies d'un chocolat Weiss. Cette tapisserie à fleur, en face de vous, vous inspire. Quand il fera beau, dans 3 mois, vous irez faire du shopping déco page **56**.

● *(91)* Musée d'art et d'industrie : *2, place Louis Comte – 04 77 49 73 00 – mer. > lun. 10h > 18h*

(23) Chez Marinette : *21, rue J. Frappa – 04 77 81 75 49 – mar. > sam. 12h > 18h30*

**Il pleut (un peu)*

Musique

HOMME FORT – Dès que tu l'écoutes, tu t'imagines prendre la mer vers *Kingston* ou *Santiago* et te lancer dans un combat pour aider les plus faibles, tout ça blotti(e) dans ses bras musclés et doux à la fois. Tu es amoureux(euse) de Bernard Lavilliers, ce Stéphanois si sensible et robuste. Jean-Pierre l'a connu. Parle avec lui page ***17***.

RUDE BOY – « Ne cherche pas a test même si ton gun est rangé... Tu ne sais jamais ce qu'il peut t'arriver... Car Babylone te rend mauvais... » Les dreads sous la casquette, tu es fidèle à Jah et à la Dub Inc depuis le début et jamais tu n'as vrillé *Rude boy... Triste époque* certes, mais après un concert, t'es toujours prêt(e) à aider une âme perdue à la page ***70***.

BOSS – Chaque fois que tu revois la VHS... le même frisson. Tu revis l'événement. 25 juin 1985, stade Geoffroy Guichard, bandeau dans les cheveux, jambe droite qui bat la mesure : tu es devant le Boss qui enflamme la foule. Tu cries *Born to Run* et tu rigoles que Bruce Springsteen ait choisi Sainté et pas Lyon. Quel homme de goût ! Boooorn in Saint-Ét-ienne. Tu te demandes si la légende du chèque pour les chômeurs est vraie ? Interroge Alain, l'encyclopéman local, page ***55***.

Cadre de vie

PARC – Tu trouves Central Park trop grand et impersonnel ? Ça tombe bien, dans le centre de Sainté, il n y a que des petits squares où tu pourras parler avec tes voisins de banc. Le mieux est de prendre position au sommet du square Jovin Bouchard pour avoir une vue à 360°. Malheureusement, il n y a que des pigeons aujourd'hui... file parler aux gardiens du Musée d'art et d'industrie en face de toi, page ***22***.

QUAI DE DÉCHARGEMENT – « Tuuuut, tuuuut... », punaise mais un camion hongrois commence à décharger sur la place de l'hôtel de ville. Avec tout ce béton au sol subtilement décoré de bandes jaunes, les nouveaux venus croient à un quai de déchargement ! Le temps de lui expliquer son erreur, il part stationner son 38 tonnes place Dorian... Mouais, prends ce pauvre Hongrois par la main et propose-lui une visite pratique de Sainté page ***53***.

TOURISTIQUE ? – Tu cherches désespérément un bâtiment classe devant lequel faire un *selfie*... en vain. On t'a bien parlé d'un immeuble en spirale assez dingue mais l'endroit est tenu secret. Pourquoi les Stéphanois gardent les meilleures choses cachées ? Tente de trouver des réponses page ***83*** ou mets tes mocassins et pars direction Bordeaux avec ton *Bordeaux safari*. Au moins tu pourras y faire de belles photos.

Sainté c'est pas très beau mais on s'en fout, il y a la campagne à 5 minutes.

Made in Sainté

Besoin d'un passe-temps ? D'une activité épanouissante ? À Sainté on ne peut s'empêcher d'innover, alors on a vraiment pensé à tout.

CHASSE... – Les eaux du Furan renommées pour la trempe de l'acier, du charbon loin de la frontière allemande... Sainté ne s'est pas brièvement appelée Armeville pour rien ! Bon(ne) ou mauvais(e) chasseur(euse) tu peux t'y équiper pour aller taquiner la gallinette cendrée. Une fois paré(e) va profiter de la vie en plein air page **31**.

PÊCHE... – Étienne Mimard et Manufrance ne voulaient pas vendre que des fusils. *Le Chasseur français*, est aussi un excellent catalogue d'articles de pêche... pour tous les types de poissons dans l'océan, car ses annonces matrimoniales, célèbres depuis un siècle, restent inégalées par *L'Amour est dans le pré*. *You're Beautiful* alors rencontre le véritable amour pour accéder à la page **28**.

ET PROTHÈSE DE HANCHE – Tu t'es tiré(e) une balle dans le pied avec ton fusil simplex, planté(e) un hameçon dans la joue ou tu as eu un « accident » de galipette avec ton (ta) nouveau(elle) conjoint(e) ? Pas de panique, Sainté s'est aussi convertie avec succès aux technologies médicales pour assurer ses arrières. Tu auras bien besoin d'atèles et de médocs pour affronter la page **75**.

Culture

Le maire a offert un calendrier de l'ASSE plutôt qu'un dictionnaire aux enfants ? Pas grave, à Sainté, il y en a pour tous les goûts.

PREMIER RÔLE – C'est toujours pareil : au début tu es sceptique sur la capacité de ces quasi-ados à jouer du théâtre classique et, à chaque fois, ça prend. Ils sont déjà bon les élèves de l'école de la Comédie ! Tu sors de la pièce en voulant devenir un acteur célèbre mais avec l'accent gaga. Si ça rate, tu pourras toujours exploiter le filon page **79**.

WIKIPEDIA – Verdi c'est sans doute très bien, mais pour y piper quelque chose, mieux vaut réserver sa place pour le *Nabucco Kézaco ?* à l'Opéra. Dans quelques semaines, pour la vraie représentation, tu pourras faire croire à Samantha que tu assures en lyrisme page **18**. Si ça ne marche pas, apprends-lui à dire « terrils » en anglais page **67**.

LA TAILLE QUI COMPTE – Tu mesures 1,83 m ? Ton nombril est pile à 1,13 m de haut ! Tes proportions sont parfaites : tu es un Modulor. Tu fonces à firminy pour découvrir une ville faite pour toi. Stade Le Corbusier, piscine Wogenscky, UNESCO... C'est pas mal, ça ressemble à l'auberge de jeunesse de Sainté ! Mais si le seul truc qui t'excites vraiment c'est la hauteur de la tour de trempe, découvre celle du chevalement Couriot à la page **38**.

- *(92)* La Comédie de Saint-Étienne : *7, av. Émile Loubet – 04 77 25 14 14*
- *(93)* Opéra de Saint-Étienne : *jardin des Plantes – 04 77 47 83 40*
- *(94)* Site Le Corbusier : *rue Saint-Just de Malmont (à firminy)*
- *(104)* CIS Wogenscky (auberge de jeunesse) : *14 bis, rue de Roubaix – 04 77 45 54 72 – la nuit 26,80 € (tarif dégressif dans la durée)*

Matrus*

INDÉPENDANT(E) – Tu adores tes enfants. Tu veux tout le temps être avec eux. Même lorsque tu bois un café avec tes amis, ta progéniture est là, en train de jouer à côté. Le Café des Matrus est donc ton endroit préféré. Même si, lors de l'atelier signe, Nathanéo, ton dernier de 18 mois t'a fait comprendre que tu l'étouffais...Tu espères qu'il retrouvera foi en toi en l'emmenant se détendre page ***39***.

VÉNÈRE – Bim ! Putain, il l'avait pas volée celle-ci ! La gifle est partie toute seule quand Antoine t'a dit qu'il voulait devenir théâtreux à l'école de la Comédie... Pas question ! Tu l'emmènes *illico* faire une leçon d'astronomie au Planétarium et un cours de sciences à la Rotonde. Tu veux en faire un vrai Stéphanois, un de ceux qui ont brillé à la page ***76*** ou à la page ***38***.

DÉCONTRACTÉ(E) – Tes enfants ? Non tu ne sais pas où ils sont. Ils jouent dans la rue. Ils rentreront tout seuls comme des grands. Ils sont au-to-nomes. De toute façon, on est à Sainté, tout le monde se connaît, ça ne risque rien. Hein ? Ton (ta) conjoint(e) pense qu'on sait jamais. Appelle Mohamed de la page ***12***, il connaît tout le monde à Sainté. Au pire, ils sont encore en train de jouer au foot page ***46***.

(2) Le Café des Matrus : *1, rue Berthon – mar., jeu. 12h > 18h, mer., ven., sam 10h > 18h*

- *(95)* Planétarium : *28, rue Pierre et Dominique Ponchardier – 04 77 33 43 01 – lun. > ven. 9h > 12h30, 13h30 > 17h, sam.,dim. 14h > 17h45*
- *(96)* La Rotonde de l'École des Mines : *158, cours Fauriel – 04 77 42 02 78*

**Pour le badabeu qui ne parlerait pas Gaga : matru veut dire enfant.*

Shopping

RÉCUP – Pour ta prochaine soirée déguisée, il faut que tu t'équipes sur le thème années 80. Sans même réfléchir, tu fonces à la Bohême. Tu ne sais pas si c'est « éco-vintage » mais ce qui est sûr c'est que, comme d'hab, tu en resors avec trois chemises hawaïennes, un radiocassette et un ensemble de salon en formica. Tant pis pour le déguisement, poursuis tes emplettes page **56**.

BROOKLYN EN PILAT – Des Parisiens te rendent visite ce week-end. Pour éviter l'éternel combat de « moi je » qu'ils aiment tant, il va te falloir être astucieux(euse). Achète une bouteille au Son du canon. Alex saura te conseiller du bon vin pour pas cher. Récupère ensuite la platine que tu avais laissée en réparation au StéréoBroke. Avec ce mix de doux vin sur musique vintage, ils vont moins faire les malins les Parisiens ! Au pire, tu les emmèneras directement voir Alex à la page **43**. Ça devrait les calmer.

PIÈGE À... – « La Galerie d'art stéphanoise, voilà une belle enseigne ! » C'est ce que tu te dis en passant devant la façade entièrement couverte de grafs de ce commerce. Mais en voulant tirer la poignée, tu t'aperçois qu'elle est peinte sur un mur en béton. Tu tâtonnes avec tes mains sur l'ensemble de la vitrine, en vain. Tu es devant un des magasins vides de Sainté... Maudit trompe-l'œil ! Pars trouver des magasins ouverts page **48**.

(86) La Bohême : *25, av. Denfert-Rochereau – 04 77 32 96 24 – lun. > ven. 7h > 15 h*

(67) Le Son du canon : *24, rue Pierre Bérard – 04 82 37 84 07 – mar. > sam. 14h > 19h*

(77) StéréoBroke : *13, passage Ste-Catherine*

Roanne?
LA PLAINE
Rien
LES MONTS DU LYONNAIS
Lyon
banlieue de Sainté
LE FOREZ
badoit
gris
LE MUST
autoroute de merde!
ruines
Le Rhône
fourme de Montbrisson
discount
des riches
SAINT-ÉTIENNE
beauté
sexe
SAINTÉ PLAGE
joie
OBUT pétanque
Firminy
touristes chinois & architectes
La Loire
Le Puy-en-Velay
LE PILAT
vacances en Ardèche

Campagne

FAMILIAL – Tes grands parents *bajassent, jabiassent, japillent*... à n'en plus finir ! Mais au moins ils t'ont fait des bugnes. Pour la digestion, tu restes au calme dans les Hautes Chaumes. Dans la lande, tu ne seras dérangé(e), ni par les êtres humains, ni même par les arbres. Demain, c'est sûr, tu seras d'attaque pour la page **52**.

REFUGE – La terrine de pommes de terre et le sarasson assaisonné étaient parfaits. De quoi passer une bonne nuit dans ton cassier de sommeil à l'auberge de la Jasserie, avant d'assister au lever du soleil sur le Crêt de la perdrix. Mais, pour le moment, rappelle à ton voisin de table que s'il a pu venir ici en vélo, c'est grâce à un Stéphanois ! Et même à plusieurs Stéphanois ! Recherche des détails page **76**.

DANTESQUE – Avec ta bande de métalleux, vous allez au « Gouffre d'Enfer » pour tenter de rejoindre le seigneur Lucifer ! Ni une, ni deux, vous enfilez vos Docs, dessinez des pentagrammes sur vos tee-shirts et direction Rochetaillée. Par Belzébuth ! Le lieu s'avère trop enchanteur pour vous... trouvez votre malheur page **83** ou engagez-vous sur la via ferrata avec vos piercings et ceintures cloutées pour aller page **88**.

(31) Auberge de la Jasserie : *La Jasserie (Le Bressat) – 04 77 20 40 16 – resto mar. > dim. midi et soir*

Événements

SAINTÉLYON – Lyon ? Tu n'acceptes d'y aller qu'en douce, *incognito*. Tu traverses les monts du Lyonnais, de nuit pour ne pas être repéré(e). Mais là, tu te retrouves au milieu de 15 000 coureurs armés de frontales. Aïe, on est début décembre, c'est le trail nocturne SaintéLyon ! Quitte à être démasqué(e) autant gagner ! Si tu as des points de côté au bout de 600 m, boite jusqu'à la page ***74***.

BIENNALE DE DESIGN – Tiens, c'est le troisième groupe de gens avec des vêtements symétriques et respectant un RAL décent que tu croises dans la rue aujourd'hui. Des petits paquets de Parisiens en vacances au mois de mars ? C'est probablement la Biennale du design. Profites-en pour redécouvrir quelques lieux étonnants de ta ville et tente un contact avec cette faune atypique page ***16***.

LE GRAND FOSSÉ – Ils n'ont jamais pu coexister. Ils étaient au bord de l'affrontement. D'un côté ceux du nord, les étudiants designers armés de cartons à dessin. De l'autre ceux du sud, les ingénieurs brandissant leurs calculettes. Pour les (ré)unir, la mairie organise une conciliation de rentrée, sur terrain neutre, pour qu'ils apprennent à se connaître : la semaine d'intégration. Ce fut même à l'origine de belles histoires, page ***61***.

SaintéLyon : *début décembre*
Biennale de design : *mars-avril les années impaires*
Sainté accueille ses étudiants : *fin septembre / début octobre*

Apéro

VIGIE – Fidèle au poste, à la terrasse du Saint Patrick, tu regardes s'écouler face à toi la foule de la rue des Martyrs. À ta gauche, un groupe de supportrices, à ta droite, des étudiants étrangers. C'est ça le Saint Patrick, un *melting pot* de ce qu'on trouve à Sainté... et de la bonne bière. Après un round d'observation, tu entames la conversation avec les supportrices qui, rapidement, te recrutent pour la page ***13***.

CABOTAGE – Vous devez aller fêter la fin des exams au Brussel's. Le temps que tes amis se décident entre la terrasse et la cave, tu as le temps d'aller au Richelieu, pour parler de ton probable échec au patron. Les garagistes d'en face, la mamie du fond, le groupe s'apprêtant à jouer, tous les clients te réconfortent. Après ce moment d'épanchement, tu peux rejoindre tes amis boire des bonnes bières belges, puis filer à la page ***64***.

LONGITUDE INDÉFINIE – Le cours de chimie était pénible ? Tu viens d'apprendre la naissance de ta nièce ? Ton patron ne t'a pas donné d'augmentation ? Tu as simplement soif ? Quel que soit le prétexte, à Saint-Étienne, tu trouveras toujours quelqu'un pour prendre un verre avec toi. Vérifie les préconisations de l'OMS sur les polyphénols, regarde ta montre... Mince, tu te retrouves encore page ***69***.

- *(14)* Saint-Patrick : *44, rue des martyrs de Vingré – 04 77 25 11 52 – lun. > sam. 15h > 1h30*
- *(3)* Le Richelieu : *37, rue des Alliés – 04 77 32 80 68 – ouvre vers 17h*
- *(15)* Brussel's Corner : *2, cours Victor Hugo – mar. > dim. 12h > 14h, 19h > 1h*

Resto

Tu veux organiser ton repas romantique ? Va à l'Insens et, surtout, à la page ***61***.

(39) <u>L'Insens :</u> *10, rue de Lodi – 04 77 32 34 34 – mar. > sam. midi et soir*

Tu veux manger du mouton ? N'aiguise pas ton couteau mais préfère aller au Cyrus (s'il n'est pas à court de viande).

(25) <u>Cyrus :</u> *7, rue Denis Escoffier – mar. > sam. 12h > 15h, 18h > 23h*

Tu veux manger du poisson ? Va au Bistrot du poissonnier pour manger ce qu'il y dans la poissonnerie d'à côté.

(32) <u>Bistrot du poissonnier :</u> *4, rue Grenette – 04 77 33 29 21 – mar. > sam. midi, jeu. > ven. soir*

Tu veux manger exotique ? Passe devant tous les restaurants indiens, chinois, créoles de la rue Dormoy et continue jusqu'au Tanger pour manger un couscous.

(33) <u>Le Tanger :</u> *43, rue Marengo – 04 77 38 72 97 – tlj midi et soir*

Tu veux manger chez un chef à la mode ? Va à l'Aromatic.

(34) <u>L'Aromatic :</u> *7, rue F. Gillet – 04 77 33 20 68 – mer. > sam. midi, jeu. > sam. soir*

Tu veux manger à la campagne ? Va au Petit Boulogne, sur la colline de Montreynaud. C'est comme chez tata : des tables dans le jardin, de la pétanque et, des fois, des concerts.

(35) <u>Le Petit Boulogne :</u> *5, rue A. Duvand – 04 77 74 51 49 – lun. > ven. midi et soir*

↳ *Il est 14 h. Poursuis ton après-midi page **58**.*
↳ *Il est 22 h. Poursuis ta soirée page **65**.*

OU ALORS VA BOUGER TES FESSES.

Sport

PÉTANQUE – Klang ! Bravo tu as réussi le carreau de la victoire. La pétanque est une discipline sportive que tu as élevée au rang d'art martial. Les jeunes n'ont rien pu faire. Avec ton (ta) conjoint(e), vous formez une doublette imprenable, toujours championne en titre de Saint-Bonnet, capitale mondiale de la pétanque. Fêtez tout de même votre victoire page **33**.

SARBACANE – Touff ! Bim ! Dans le mille. Hourra !!! La foule est en délire. Les flashs des appareils crépitent. Tu es champion(ne) du monde de sarbacane. Remède anti-silicose ou pas, toi tu t'en fous, t'aimes juste ça. Tu es aussi en train de rêver car, à part à Sainté et en Papouasie, la sarbacane, tout le monde s'en fout ! Mais ton don sera utile pour aider quelqu'un page **82**.

KORFBAL – Ton ambition dans la vie est simple : tu souhaites faire du sport en couple et être champion(ne) de France sans courir de risque. Tu as donc choisi de faire du Korfbal (un basket mixte avec un seul panier...). 14 clubs en France dont 10 dans le département de la Loire. Pour augmenter tes chances, tu as opté pour le FJEP Bonson, 12 fois champion en titre. Malheureusement pour toi, on n'a pas encore écrit la page *Gros naze !* Ferme le livre !

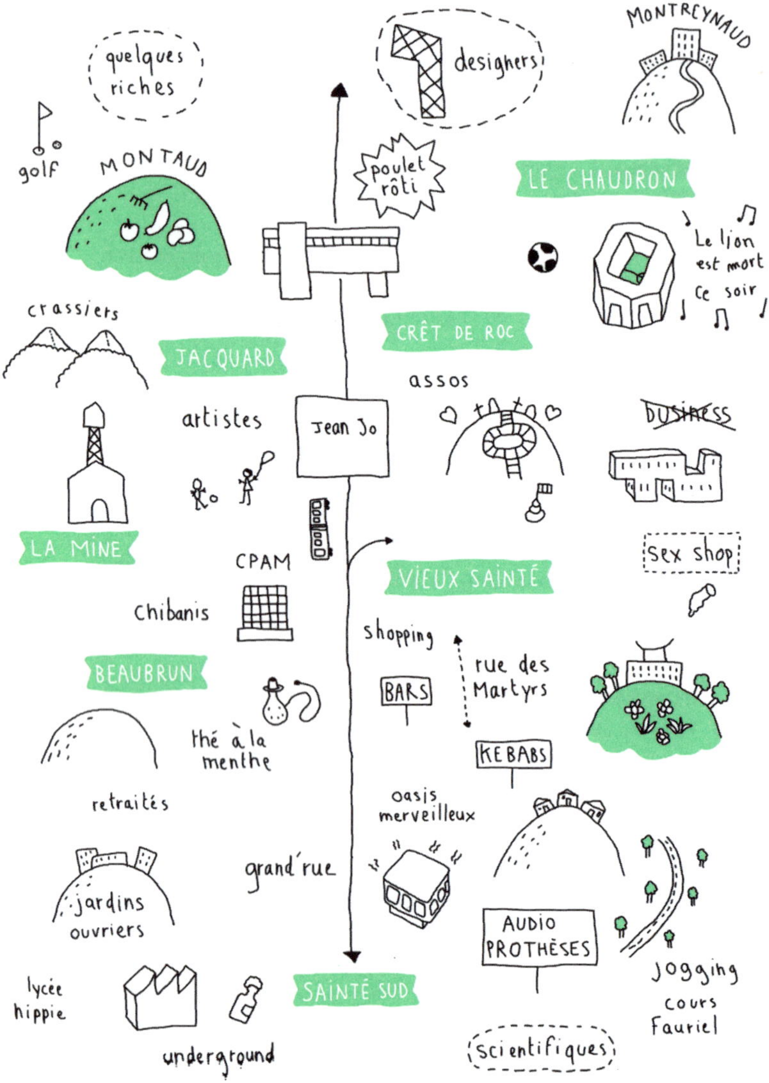
quelques riches
designers
MONTREYNAUD
golf
MONTAUD
poulet rôti
LE CHAUDRON
Le lion est mort ce soir
crassiers
CRÊT DE ROC
JACQUARD
assos
artistes
Jean Jo
business
LA MINE
sex shop
CPAM
VIEUX SAINTÉ
Chibanis
shopping
rue des Martyrs
BEAUBRUN
BARS
thé à la menthe
KEBABS
retraités
oasis merveilleux
grand'rue
jardins ouvriers
AUDIO PROTHÈSES
jogging
lycée hippie
SAINTÉ SUD
cours Fauriel
underground
scientifiques

lieux

La Mine

Tu as promis à tes enfants des vacances pleines de folie et de sensations fortes, mais ton budget est serré. Pas de problème, tu vas les faire rêver au Disneyland stéphanois : le Parc-musée de la mine ! Par un samedi ensoleillé, tu y emmènes toute ta petite troupe, avec réductions à gogo grâce à ton RSA et au pass enfant.

↳ *Tu veux en savoir plus sur les bons plans pas chers, va à la page **75**.*

Premières émotions dans le palais de l'horreur : la salle des pendus. Tu désignes une tenue au plafond, en précisant à tes gniards qu'il s'agit d'un esprit maléfique. Effet escompté, ils s'enfuient en pleurs vers la suite, l'ascenseur de la terreur. Tout est fait pour faire croire à une longue descente dans les entrailles de la terre façon Jules Verne... à 11 m ! Wouhou, ils sont émerveillés ! Arrivé(e) dans le tunnel, tu prends place dans le *Space Moutain* et c'est parti pour une attraction d'environ 20 m. Avec 0.01 g d'accélération, pas besoin de sac à vomi, mais tu fais du train ! Après quelques explications sur les méthodes de forage, vous faites une halte à la « ferme » pour jouer dans le foin.

↳ *L'imagination technique stéphanoise est bluffante ! Tu décides d'en apprendre plus à la page **76**.*

Il est temps de remonter à la surface, tes enfants en ont eu pour leur compte. Tu sais que tu pourras revenir faire la visite en nocturne un jeudi d'été, pour les ravir à nouveau. Mission accomplie Capitaine !

● *(97)* Parc-musée de la mine (Puits Couriot) : *3, bd. Franchet d'Esperey (Parc Joseph Sanguedolce) – 04 77 43 83 23 – lun. 14h > 18h, mar. > dim. 9h > 12h30, 14h > 18h*

Saint-Victor

L'été est là, le mercure grimpe. Un bus magique t'a emmené(e) de la place Dorian vers un lieu paradisiaque, en seulement 30 minutes. Tu t'envoles alors au dessus des monts du Forez pour plonger à pic dans l'eau limpide du lac de Grangent. Plouf !

Tu nages parmi les truites arc-en-ciel puis tu sors de l'eau pour planer dans les gorges de la Loire, au cœur d'une végétation luxuriante. Des petits lutins, à moins que ce ne soient des enfants, t'attendent pour partir en pédalo, mais tu préfères naviguer en voilier. Ton corps magnifique, tendu fièrement à la proue du 1 mat, illumine la scène. Tout est beauté. Le chant des oiseaux accompagne en harmonie chacun de tes mouvements.

Tu t'envoles vers le rond point de la roseraie pour embellir des photos de jeunes mariés. Leur union sera fertile. Sous un tonnerre de klaxons, tu te téléportes au sommet du château et tu contemples cet endroit merveilleux que tu as décidé d'appeler Saint-Victor-sur-Loire ! Tu es alors ... « OOOoaaaann ttoiiineee... Antoine ! Putain ! » Un père hurle sur son gosse à un mètre de toi... Tu te réveilles... T'es bien sur la plage à Saint-Victor mais, ici, les truites arc-en-ciel sont des poissons chat et le chant des oiseaux c'est le cri des gamins qui jouent au ballon.

↳ *Tu te rappelles qu'il faut rentrer à Sainté et que la navette part dans 15 min. Tu rentreras bronzé(e) page 64.*

↳ *Replonge dans ton rêve, et imagine l'avenir à la page 82.*

(106) Club nautique de St-Étienne : *rue du Port (à St-Victor) – 04 77 90 44 31 – avr. > oct., lun. > ven. 9h > 18h, sam. > dim. 13h > 18h*

(103) Roseraie du Berland : *Rond-point du Berland (à St-Victor)*

Le Chaudron

Te voilà au cœur de Geoffroy Guichard, « le Chaudron ». C'est ton premier match au stade. Tu tiens Claire par l'écharpe pour ne pas la perdre. Tout le monde est vert ici. Arrivé(e) au kop nord, tu hésites à t'asseoir, une petite feuille est sur ton siège. « C'est pour le tifo » te rassure Claire. Tifo ? Et puis il fait froid, très froid.

↪ *Tout ça semble dangereux. Tu aurais dû proposer une alternative à Claire à la page 32.*

Un homme crie dans le micro. « Numéro 16. » Tout le monde autour de toi reprend en cœur : « Stéphaaanne Ruffierrrr » ! Tu as aimé ce qui vient de se passer. Tu veux participer, sans connaître le nom des joueurs : « Numéro 2. Kevin... euh... OfiLLLE... atrIIINE. » Face à toi, le kop sud enflamme la tribune avec les drapeaux. Le kop nord répond. Tout le stade se met à chanter *En vert et contre tous !* Tu chantes aussi en tapant des mains. Tu as des frissons.

↪ *Y'a dû avoir de supers concerts au Chaudron. Renseigne-toi page 23.*

Claire se tourne vers toi : « bon 0-0 à la 70e, fallait s'y attendre, c'est Sainté – Bordeaux, des clubs amis, personne ne gagne jamais... » Mais tu n'es plus là. L'adrénaline t'a envoûté(e), tu es torse nu et martèles une énorme caisse à coup de mailloche accroché(e) au grillage du kop... « Ohohohohoh... » But de l'ASSE, l'apothéose !

↪ *Tu veux tout plaquer pour devenir membre des Magic Fans à plein temps. Prépare le prochain match page 33.*

↪ *Tu refuses d'aller voir les poteaux carrés au Musée des Verts. Tu clames ta haine des angles droits page 79.*

● *(98)* Musée des Verts : *14, rue Paul et Pierre Guichard (stade G.Guichard)*

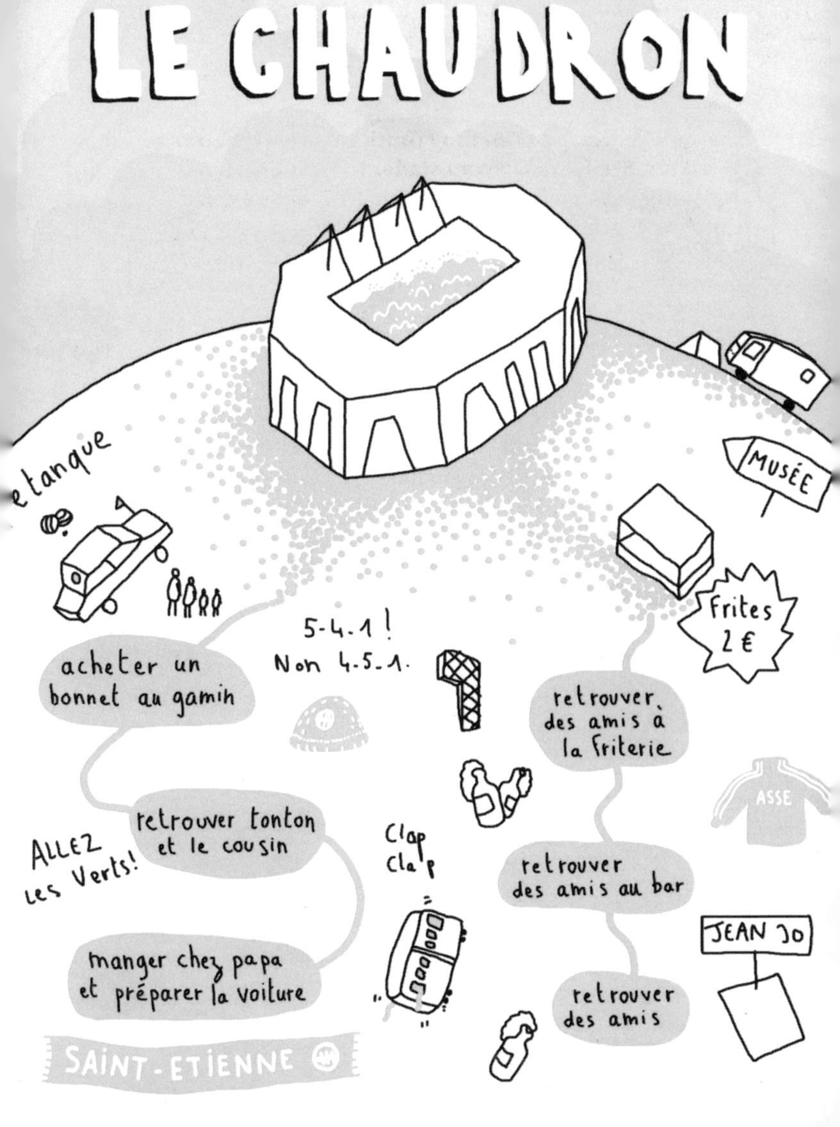
LE CHAUDRON
etanque
MUSÉE
Frites 2 €
5-4-1 !
Non 4-5-1.
acheter un bonnet au gamin
retrouver des amis à la friterie
ASSE
retrouver tonton et le cousin
ALLEZ les Verts!
Clap Cla p
retrouver des amis au bar
manger chez papa et préparer la voiture
retrouver des amis
JEAN JO
SAINT-ETIENNE

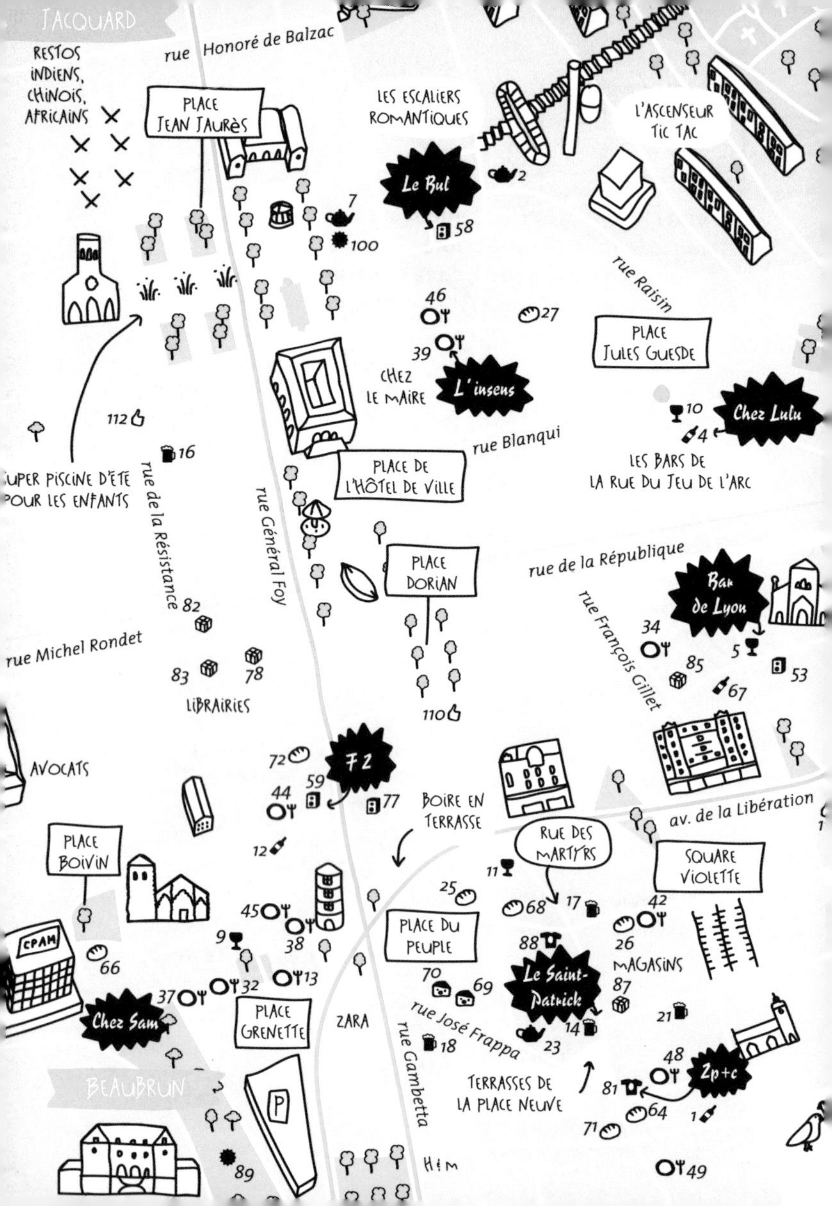

JACQUARD
RESTOS INDIENS, CHINOIS, AFRICAINS
rue Honoré de Balzac
PLACE JEAN JAURÈS
LES ESCALIERS ROMANTIQUES
L'ASCENSEUR TIC TAC
Le Bul
2
7
58
100
rue Raisin
46
27
PLACE JULES GUESDE
39
CHEZ LE MAIRE
L'insens
10
Chez Lulu
4
112
16
rue Blanqui
LES BARS DE LA RUE DU JEU DE L'ARC
SUPER PISCINE D'ÉTÉ POUR LES ENFANTS
rue de la Résistance
rue Général Foy
PLACE DE L'HÔTEL DE VILLE
PLACE DORIAN
rue de la République
Bar de Lyon
rue François Gillet
34
5
85
53
67
82
rue Michel Rondet
83
78
LIBRAIRIES
110
72
F2
59
44
77
AVOCATS
BOIRE EN TERRASSE
av. de la Libération
RUE DES MARTYRS
PLACE BOIVIN
12
11
SQUARE VIOLETTE
25
45
68
17
42
38
9
PLACE DU PEUPLE
88
26
MAGASINS
66
13
70
69
Le Saint-Patrick
87
CPAM
37
32
Chez Sam
PLACE GRENETTE
ZARA
rue José Frappa
14
21
rue Gambetta
18
23
48
2p+c
BEAUBRUN
TERRASSES DE LA PLACE NEUVE
81
64
1
71
P
89
H&M
49

À LA POURSUITE DU DIAMANT VERT

Les incontournables

20 h 12. « Il baissa délicatement la culotte de Samantha, pour atteindre sa toison dorée… » Par ces quelques mots, tu commences la lecture de ta nouvelle érotique *Chez Lulu*. La charcuterie est bonne, l'ambiance conviviale, le public conquis. Tu finis ton verre de Saint-Joseph et dis : « Merci barman pour ce vin naturel, il est excellent. J'ai pris plaisir à le boire. J'ai pris plaisir à parler à chacun d'entre vous. Concernant ma vie, je peux juste dire que j'ai travaillé 30 ans dans les mines de Colombie. La nuit, quand je ne creuse pas, j'écris. Je suis venu à Saint-Étienne chercher des informations auprès des anciens ». Tu récupères 24 numéros de téléphone et un conseil précieux : « Va au *Bar de Lyon*, tu trouveras ce que tu cherches ».

22 h 24. Arrivé au *Bar de Lyon*, tu es accueilli avec humour par François, le patron. Tu lui expliques : « dans les mines de Cerrejón, on m'a raconté la légende d'un ancien casino lyrique accueillant les ouvriers, qui serait ensuite devenu le premier magasin Casino et, enfin, une cafétéria où tout le monde était traité comme un roi. Je recherche cet endroit. » Sa réponse est cruelle, le lieu a fermé. C'est la librairie *Forum* maintenant ! Tu es déçu mais l'ambiance du bar te réconforte. Après quelques échanges avec les clients, tu prends une guitare et tu joues tes compos écrites en Louisiane. La chaleur humaine te rappelle la solidarité des mineurs. Tu pars en adressant un salut amical, sans te retourner. L'émotion est trop forte. Tu reprends ta route. Qui sait de quoi demain sera fait ? Si seulement tu avais rencontré Jean-Pierre, il y a 40 ans, page **17**.

(4) Chez Lulu : *3, rue du jeu de l'arc – 06 52 01 10 31 – mer. > ven. 18h > 0h*
(5) Bar de Lyon : *1, rue Élise Gervais – 04 77 32 24 07 – lun. > ven. 9h > 21h*
(78) Librairie Forum : *5, rue M. Rondet – 04 77 32 36 59 – lun. > sam. 10h > 19h*

Le vieux Sainté

Tu as un repas à préparer mais tu es perdu(e). Tu pars vers ton seul repère, la boulangerie Au Gruau lorrain. Tu es toujours impressionné(e) quand le patron vient te serrer la main. Tu l'aimes en secret, surtout quand il te tend un pain tout chaud.

↪ *Tu es aussi amoureux(se) de Rodolphe, le boulanger croisé page* ***8****. Cruel dilemme...*

Tu erres dans la rue en mangeant ton quignon de pain lorsqu'un mec t'interpelle depuis sa fenêtre. « Hé, t'as la fourme ? » C'est David, de la Fromagerie stéphanoise. Ses jeux de mots sur les fromages te convainquent de lui en acheter. Juste à côté, tu t'arrêtes devant une vitrine que tu estimes dater de 1425. Ça t'inspire confiance. Te voilà dans la Maison Didier, une boucherie de qualité. Tu achètes des côtes de bœuf.

↪ *Tu es vegan ? La viande ne t'intéresse pas ? Tu crois que les mineurs se contentaient de chou kale ? Page* ***87*** *direct !*

Pour accompagner la viande, tu repenses au reportage de France 3, avec Laurent Romejko, à propos de l'épicerie Cornand. Paraît que les gens viennent de partout pour y acheter leurs pâtes. Tu entres gaiement dans le magasin mais TF1 y filme pour le 13 h. Tu sers de client témoin : « Bonjour madame la marchande, je souhaiterai 600 g de tagliatelles laminées basilic/olive noire/citron. » Tu vas bien faire le (la) malin(e) pendant ton repas. D'autant que tu n'as pas oublié les chocolats Weiss. Les meilleurs du monde. Tu as mérité d'aller page ***86***.

(68) Au Gruau lorrain : *20, rue D. Escoffier – lun. > ven 7h > 19h30, sam. 7h > 19h*
(69) Fromagerie stéphanoise : *9, rue J. Frappa – mar. > sam. 7h15 > 12h, 14h30 > 19h*
(70) Maison Didier : *9, rue José Frappa – lun. > sam. 7h > 12h30, 15h > 19h*
(71) Cornand : *5, rue Pointe Cadet – mar. > sam. 9h > 12h30, 14h > 19h*
(72) Weiss : *8, rue du Général Foy – lun. 10h > 19h, mar. > sam. 9h > 19h*

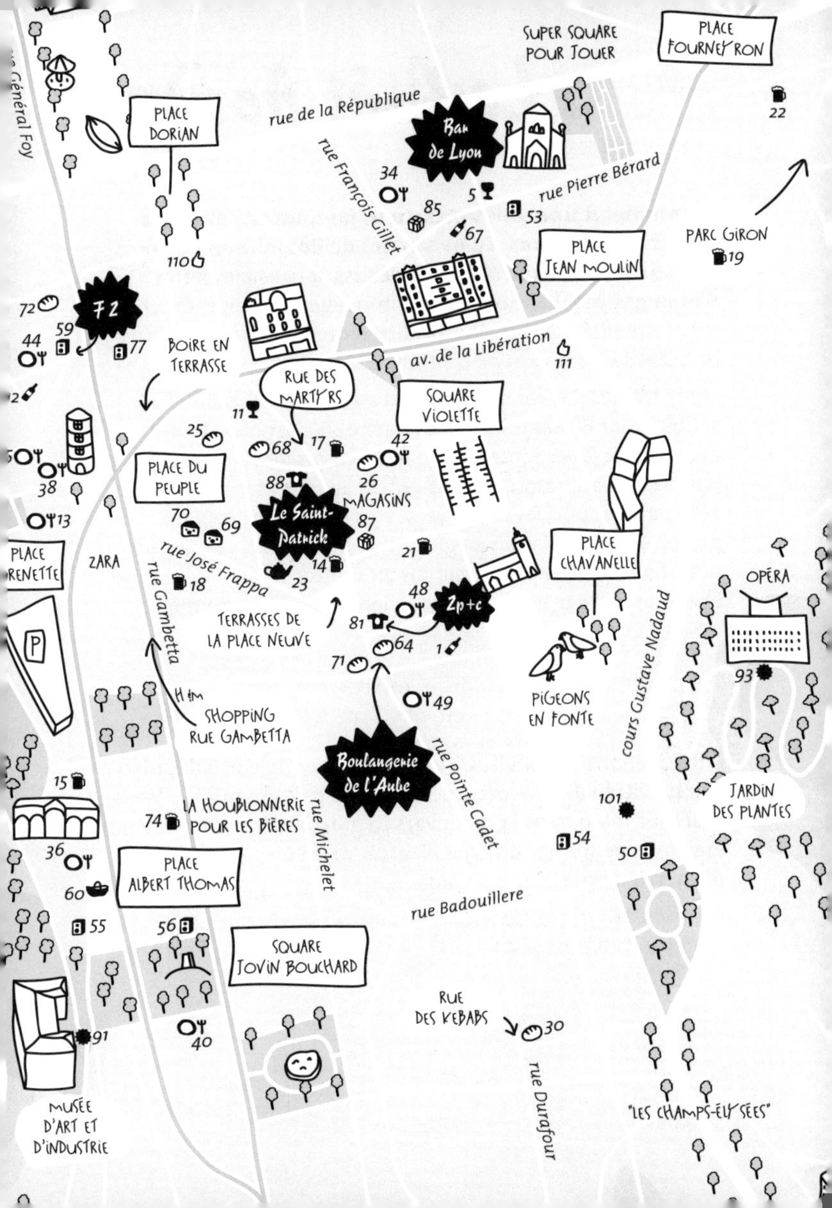

SUPER SQUARE POUR JOUER
PLACE FOURNEYRON
PLACE DORIAN
rue de la République
Bar de Lyon
rue François Gillet
rue Pierre Bérard
Général Foy
22
34
5
85
53
67
110
PARC GIRON
19
PLACE JEAN MOULIN
72
72
59
44
77
BOIRE EN TERRASSE
av. de la Libération
111
RUE DES MARTYRS
SQUARE VIOLETTE
11
25
68
17
42
26
38
13
PLACE DU PEUPLE
88
MAGASINS
Le Saint-Patrick
70
69
87
21
PLACE CHAVANELLE
ZARA
rue José Frappa
14
23
18
rue Gambetta
48
Zp+c
OPÉRA
TERRASSES DE LA PLACE NEUVE
81
64
1
71
93
H&M
SHOPPING RUE GAMBETTA
49
PIGEONS EN FONTE
cours Gustave Nadaud
Boulangerie de l'Aube
rue Pointe Cadet
15
JARDIN DES PLANTES
LA HOUBLONNERIE POUR LES BIÈRES
74
rue Michelet
101
54
50
36
PLACE ALBERT THOMAS
60
rue Badouillere
55
56
SQUARE JOVIN BOUCHARD
91
RUE DES KEBABS
30
40
rue Durafour
MUSÉE D'ART ET D'INDUSTRIE
"LES CHAMPS-ÉLYSÉES"

Le Crêt de Roc

Le sommet d'une colline, un cimetière, un city stade et Sainté en contrebas. Tu es au Crêt de Roc, en survêt, en train d'humilier Max, Kamel et Mouss, 45 ans à eux trois. Ils n'auraient pas dû se moquer de ton léger surpoids. Crochet, contre-pied, but ! Victoire. Tradition oblige, tu leur shootes dans les fesses avant de quitter le terrain.

Tu ne traînes pas car tu as rencard au pied de l'escalier. Pour séduire Djamila dans le « Montmartre stéphanois », tu as décidé de la jouer romantique : deux verres de vin blanc pour admirer le panorama. Tu lui montres au loin les autres collines. Tête baissée, puis levée des yeux vers elle et enfin regard profond vers le lointain en glissant subtilement : « Je suis un homme fidèle, je ne pourrais jamais quitter Sainté ». Conquise, elle te propose d'aller voir le coucher de soleil au sommet.

↳ *Courbaturé tu suggères l'ascenseur, mais elle refuse de monter dans un Tic Tac géant puant la pisse. Pfff, tu aurais mieux fait de l'emmener directement à la page **39**. Elle aurait été moins pénible !*

Entreprenant, tu l'invites à voir le coucher de soleil depuis la baie vitrée de ton loft, une ancienne passementerie. Vous marchez main dans la main vers ta garçonnière lorsque vous êtes interpellés par un type bizarre : « Hé ! C'est moi ton pote de la 4e B, le clan des puceaux... ».

↳ *Merde ! Le passé refait surface, tu fais mine de ne pas le connaître. Djamila est choquée par ton attitude. finis seul page **85**.*

↳ *« Manu, quelle surprise ! Viens donc prendre un verre ». Djamila est touchée par ton sens de la camaraderie. Passe de beaux moments avec elle et conclus à la page **69**.*

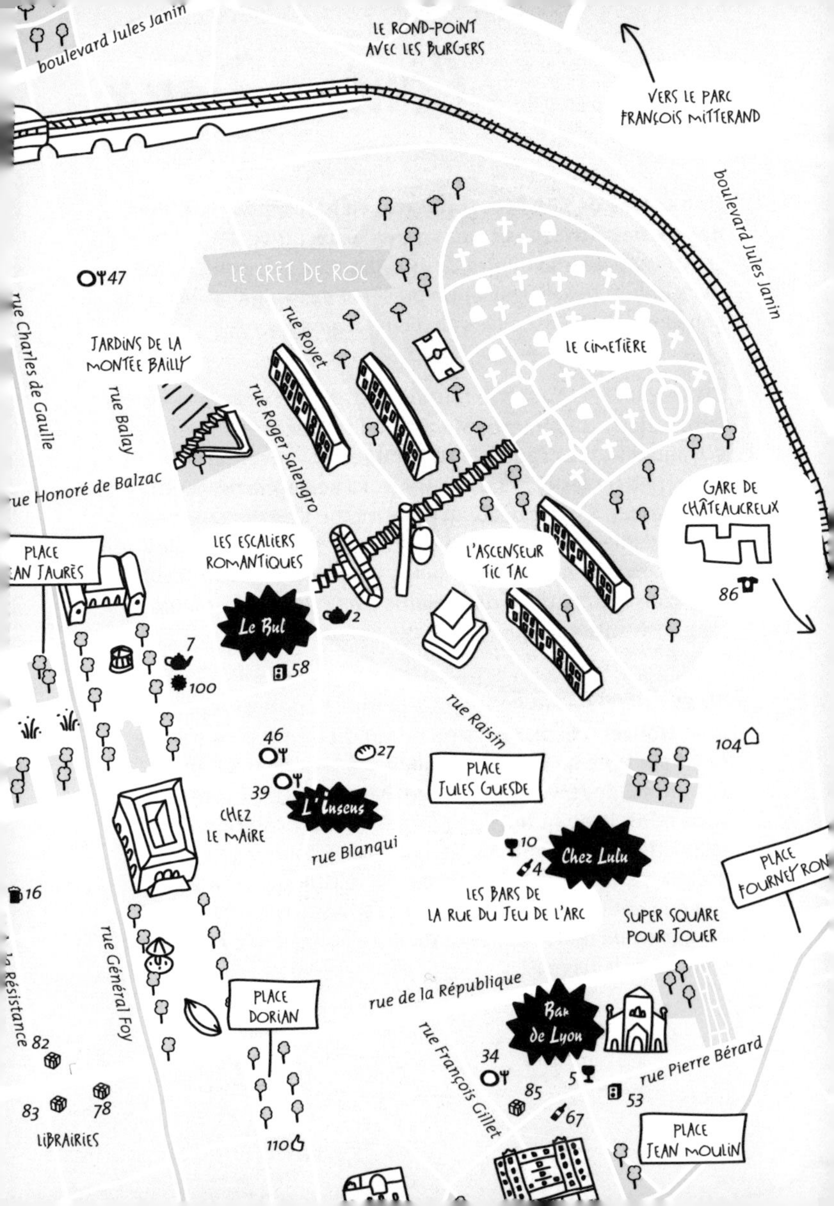

boulevard Jules Janin
LE ROND-POINT AVEC LES BURGERS
VERS LE PARC FRANÇOIS MITTERAND
boulevard Jules Janin
LE CRÊT DE ROC
47
LE CIMETIÈRE
rue Charles de Gaulle
JARDINS DE LA MONTÉE BAILLY
rue Royet
rue Balay
rue Roger Salengro
rue Honoré de Balzac
GARE DE CHÂTEAUCREUX
PLACE JEAN JAURÈS
LES ESCALIERS ROMANTIQUES
L'ASCENSEUR TIC TAC
86
Le Bul
2
7
58
100
rue Raisin
104
46
27
PLACE JULES GUESDE
39
L'insens
CHEZ LE MAIRE
rue Blanqui
10
Chez Lulu
4
PLACE FOURNEYRON
16
LES BARS DE LA RUE DU JEU DE L'ARC
SUPER SQUARE POUR JOUER
rue Général Foy
la Résistance
rue de la République
PLACE DORIAN
Bar de Lyon
rue François Gillet
82
34
5
rue Pierre Bérard
85
53
83
78
67
LIBRAIRIES
110
PLACE JEAN MOULIN

Centre Deux

Une entrée de RER ? Un couvercle en béton pour confiner des déchets toxiques ? Tu es dans l'expectative devant le centre commercial Centre Deux. Mais n'aie pas peur, te voilà dans un refuge de civilisation préservé des vulgaires logiques consuméristes. Entre dans ce havre de paix.

TU ES JEUNE ? – Tu fais le tour de toutes les boutiques sans jamais rien acheter... pour le plaisir. Être avec tes ami(e) s, tranquille, tout l'après-midi, à flâner ou à raconter des conneries sur les bancs du 2e étage. Ici personne ne viendra te déranger. S'il fait beau, tu peux même t'éclater sur le *roof top* végétalisé. Après avoir mollardé par terre pendant des heures, tu décides de visiter la fac Jean Monnet, juste à côté. Tu y croises un groupe d'étudiants sur le départ pour une longue aventure. Rejoins-les page **33**.

TU ES ÂGÉ(E) ? – Pas de temps à perdre, tu dois te dépêcher pour trouver une place assise autour du bassin de la galerie marchande, cette oasis merveilleuse à la flore luxuriante. Entouré(e) de Jeanne, Mohamed, Patrick, Serge, Fatima, Gino, vous faîtes le point toute la journée sur les hospitalisations respectives de tes ami(e)s. Climatisation, toilettes à proximité, tu es heureux(euse) et tu fais même la causette à la guichetière du mini-stand de la STAS. Tu achètes un magazine de mots fléchés et tu passes une bonne nuit avant d'entamer la page **53**.

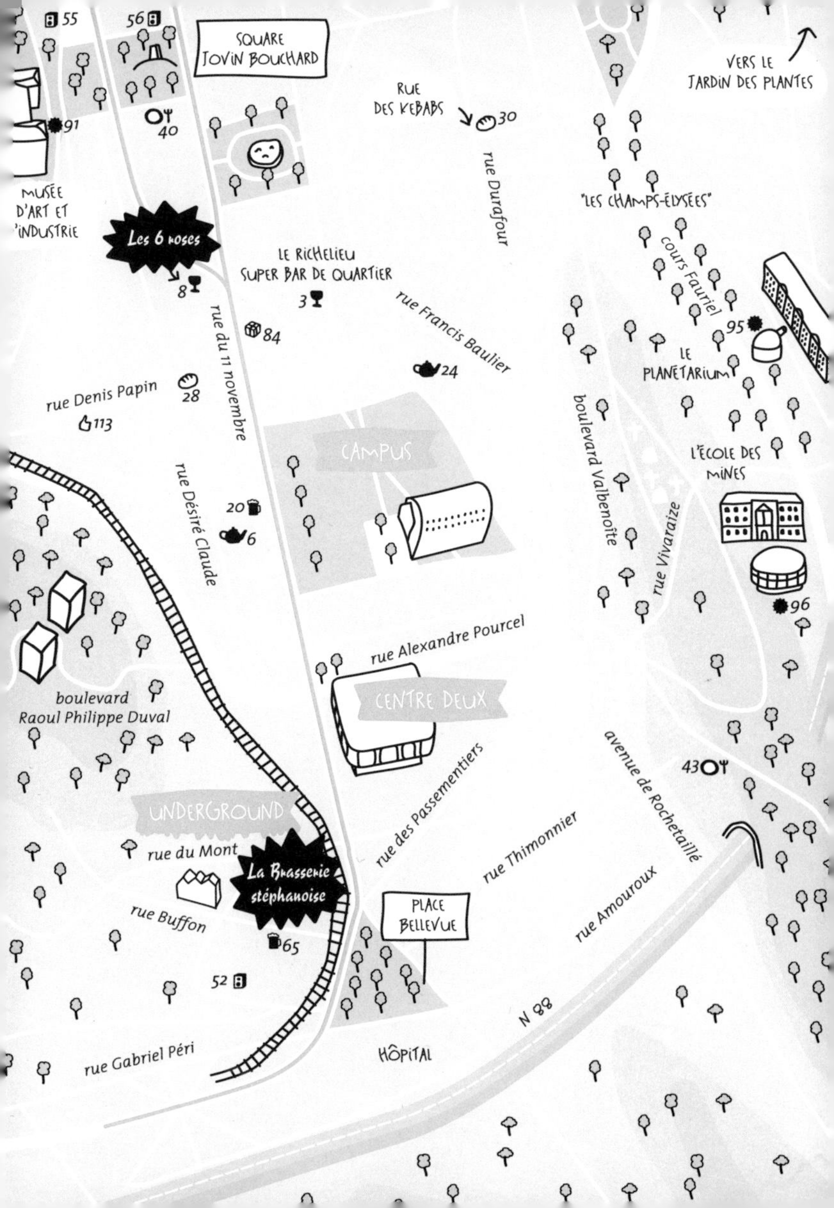
55
56
SQUARE JOVIN BOUCHARD
VERS LE JARDIN DES PLANTES
RUE DES KEBABS
30
91
40
MUSÉE D'ART ET
'INDUSTRIE
rue Durafour
"LES CHAMPS-ÉLYSÉES"
Les 6 roses
8
LE RICHELIEU SUPER BAR DE QUARTIER
3
cours Fauriel
95
rue Francis Baulier
rue du 11 novembre
84
24
LE PLANETARIUM
rue Denis Papin
28
113
boulevard Valbenoîte
CAMPUS
L'ÉCOLE DES MINES
rue Désiré Claude
20
6
rue Vivaraize
96
rue Alexandre Pourcel
CENTRE DEUX
boulevard Raoul Philippe Duval
avenue de Rochetaillé
rue des Passementiers
43
UNDERGROUND
rue Thimonnier
rue du Mont
La Brasserie stéphanoise
PLACE BELLEVUE
rue Amouroux
rue Buffon
65
52
N 88
HÔPITAL
rue Gabriel Péri

SAINTÉ T'OFFRE PLUSIEURS MANIÈRES DE PASSER LE TEMPS EN FONCTION DU MOMENT DE LA JOURNÉE.

chrono

Matin tonique

7 H DU MATIN. Tenue : short, chaussures de running, maillot Coq sportif bleu fluo. Objectif : entretenir ton corps de rêve. Tu t'élances cours Fauriel, conquérant(e), avant de régner sur la piste du parc de l'Europe. 12 km/h de moyenne. Tu es un(e) champion(ne). Tu mérites une récompense de champion(ne). Tu prends la direction de la place Albert Thomas.

↪ *Oui... Non... Mais attends ! Il se met à tomber des Demak'up là... Trouve une autre activité page 22.*

10 H. Le Progrès entre les mains, tu savoures ton café au soleil, à la terrasse du Bistrot Gaga. Une fois bu, tu repars en petites foulées à la recherche de pâtissons bio au marché des producteurs locaux de la place. Tu profites d'un slalom entre chalands en sarouel et sacs de rando pour faire travailler tes quadriceps. Deux connaissances t'interceptent et te remercient d'avoir trouvé du boulot pour leurs enfants.

11 H 30. Tu as enfilé ton costume de directeur(trice) d'une PME de pointe dans le domaine de l'optique pour faire ce que tu préfères : la promotion de Sainté, lors d'un congrès dans les salons du stade Geoffroy Guichard. « Sainté is the green city of futur ». Des investisseurs néerlandais semblent avoir mordu à l'hameçon. Révise ton argumentaire page **26** ou emmène-les dans les rues de Sainté page **44**.

(60) Marché Albert Thomas : *place Albert Thomas – mar., jeu., sam. 6h > 13h*

(36) Bistrot Gaga : *2, place Albert Thomas – 04 77 32 65 01 – lun., mer. 7h > 19h, mar., jeu., ven. 9h30 > 19h, sam. 6h30 > 14h*

Matin pratique

8 H 56. Tu attends l'ouverture du Casino de la Ricamarie. Jamais tu ne feras d'infidélité à l'enseigne de Monsieur Geoffroy Guichard ! D'ailleurs, dans le supermarché, tout est aux couleurs de l'ASSE. Tu craques pour le mug à l'effigie de Romain Hamouma, le gendre idéal. Il sera parfait à côté de ton bol Loïc Perrin.

10 H 11. Fouilla ! Après avoir traversé la ville, tu arrives juste à temps au centre d'entraînement de l'Étrat. Tu serres les mains des autres supporters avant de prendre place près des cages de Stéphane Ruffier. Tu as des conseils à lui donner : « Faut que tu t'imposes plus sur tes sorties aériennes Stéphane ! ».

↪ *Euh, tu penses qu'il va t'écouter ? Tu te prends pour quelqu'un d'important, digne de figurer page **79** ?*

11 H 58. Tu as faim et tu as une règle : manger ce que tu produis dans ton jardin ouvrier, à côté du parc de la Cotonne. Ce midi, ce sera une courgette de 600 g et 4 énormes tomates. Le Père Volpette, l'initiateur de ces jardins à Sainté, serait fier de toi. Bilel, ton voisin de jardin, gâche ton repas avec ses deux courgettes de 900 g. Il est meilleur que toi ! Tu honoreras son talent en mangeant un couscous chez lui avant de digérer page **56**.

(79) Géant Casino : *La Béraudière (La Ricamarie) – lun. > sam. 8h30 > 21h*
(107) Centre d'entraînement de l'ASSE : *11, rue de Verdun (à l'Étrat)*

Matin difficile

DIMANCHE, 11 H 32 DU MATIN. Tu rampes lamentablement hors de ton lit pour ouvrir les rideaux mais les 22 lumens du soleil stéphanois te brûlent les yeux. Il n'y a qu'une chose à faire : se placer en PLS sur la moquette et attendre. Tutut. Un SMS donne un sens à ta journée : « RDV au marché Carnot dans 30 minutes pour un poulet rôti. »

↪ *Tu préfères les poulets vivants et l'ambiance du souk ? Opte pour le marché du Clapier et son offre en « petits animaux »... mais la semaine prochaine. Pour le moment, rendors-toi jusqu'à la page 63.*

Arrivé(e) place Carnot, vêtu(e) de ton plus beau jogging, les odeurs du marché et la foule te requinquent. Avant ce fameux poulet rôti entre amis, tu fais le tour des stands afin de glaner quelques fruits.

15 H 44 DU MATIN. Pour faciliter la digestion, vous prenez un thé à la menthe à la terrasse d'un bar. Vous faites le tour des potins stéphanois.

↪ *Tu portes un lourd secret, mais tu as prévu de le dévoiler à ta famille seulement dimanche prochain page 80 !*

18 H 24 DU MATIN. Le soleil se couche. Il va falloir commencer à se mouvoir. finis la soirée au Soggy Bottom, pour le concert de jazz. Comme d'hab, tu te mettras au comptoir et tu discuteras avec la première personne qui croisera ton regard. Va au hasard à la page **14** ou à la page **16**.

(61) Marché Carnot : *place Carnot – mar., ven., dim. 6h > 13h*
(62) Marché du Clapier : *av. Augustin Dupré – dim. 6h > 13h*
(16) Soggy Bottom : *9, rue de la Résistance – lun. > sam. 17h > 1h30 ; dim. 18h > 1h30*

Midi

BIO ET SLOW – Quand tu vas manger au resto de la Grabotte (« Chez Sam ») tu y vas pour le fait maison, les produits locaux et la déco colorée. Si tu veux des renseignements sur Saint-Étienne, pose un RTT et entame la conversation avec le patron, Alain, toujours heureux de discuter avec les clients… jusqu'à la page ***63***. Si tu es simplement tombé(e) amoureux(euse) de la patronne, Sam, engage une subtile conversation grâce à la page ***78***.

NOURRITURE DE L'ESPRIT – Quand tu veux fuir le consumériste de Centre Deux et changer d'univers en quelques rues, tu te réfugies au café littéraire le Remue-méninges. Cuisine bonne franquette, partie d'échecs, atelier d'esperanto… Respire, prends ta carte de membre et envisage une sieste jusqu'à la page ***64***.

PIQUE-NIQUE – Fourme de Montbrison et bouteille de Badoit à la main, tu rejoins Jean-Pierre et son petit-fils Antoine dans le parc de la mine pour un pique-nique. Antoine joue innocemment dans le bac à sable… « Mais non bordel, c'est pas comme ça qu'il faut creuser, tu comptes le faire comment ton soutènement marchant ? » crie Jean-Pierre. Tu te dis qu'il serait préférable de l'emmener faire des jeux plus contemporains page ***58***.

(37) Chez Sam : *12, rue Grenette – 04 77 25 80 99 – lun. > sam. 12h > 16h*

(6) Le Remue-méninge : *59, rue Désiré Claude – 04 77 37 87 50 - lun. > ven. 11h > 20h*

Aprem déco

Tu t'es engueulé(e) avec ta moitié samedi chez Ikea ? Revoyez la déco de votre appart dans le quartier Jacquard.

EKTORP – Pour décorer le salon, vous faites le tour des artisans de la rue Paul Bert, non sans vous disputer au moment de choisir entre une vieille Singer et des affiches Manufrance.

↪ *Tu apaises la tension en promettant d'acheter des arancini chez Giovanni Brunetto avant d'envisager un dîner ce soir en amoureux page* ***34****.*

KÄNNETECKEN – Détour par l'Arrière cour. C'est l'appart/expo de Franck, idéal pour l'inspiration et pour voir son atelier. Le deal est simple : tu confies à Franck l'armoire de ta belle-mère et il la relooke façon « pimp my meuble ». Dans un mois, tu auras une armoire chromée unique au monde.

↪ *Ta moitié s'énerve quand tu suggères de chromer tout l'appartement. Repars, seul(e), page* ***78****.*

GRILLBY – Pour glaner des conseils, vous allez prendre une bière à l'école d'archi, pour l'apéro pas cher du mardi. En abreuvant les étudiants, tu leur fais dessiner gratos des plans d'appart que tu t'empresses de montrer à ton (ta) conjoint(e).

↪ *« Que c'est beau ! » Mission réussie, tu peux partir amoureusement vers la page* ***28****.*

↪ *« Rien n'est droit ! » Tente de rattraper le coup en préparant un super repas grâce aux commerçants de la page* ***44****.*

(73) Giovanni traiteur : *21, rue Prairie – 04 77 50 13 30 – lun. > sam. 8h > 19h*
(80) Arrière cour : *57, rue Charles de Gaulle – 04 77 34 26 06*

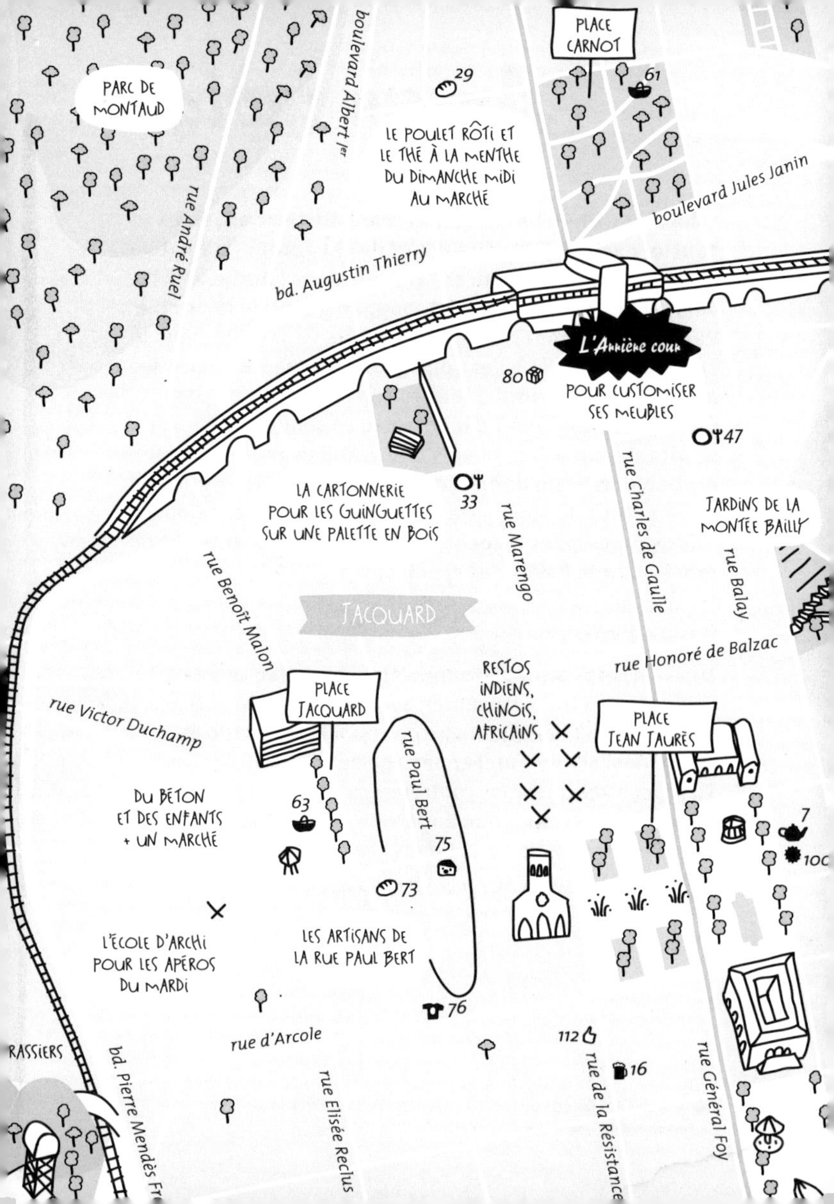

PARC DE MONTAUD
boulevard Albert Ier
29
LE POULET RÔTI ET LE THÉ À LA MENTHE DU DIMANCHE MIDI AU MARCHÉ
PLACE CARNOT
61
boulevard Jules Janin
rue André Ruel
bd. Augustin Thierry
L'Arrière cour
80
POUR CUSTOMISER SES MEUBLES
47
LA CARTONNERIE POUR LES GUINGUETTES SUR UNE PALETTE EN BOIS
33
rue Marengo
rue Charles de Gaulle
JARDINS DE LA MONTÉE BAILLY
rue Balay
rue Benoît Malon
JACQUARD
rue Honoré de Balzac
RESTOS INDIENS, CHINOIS, AFRICAINS
PLACE JACQUARD
PLACE JEAN JAURÈS
rue Victor Duchamp
rue Paul Bert
DU BÉTON ET DES ENFANTS + UN MARCHÉ
63
75
7
100
73
L'ÉCOLE D'ARCHI POUR LES APÉROS DU MARDI
LES ARTISANS DE LA RUE PAUL BERT
76
rue d'Arcole
112
16
RASSIERS
bd. Pierre Mendès Fr
rue Elisée Reclus
rue de la Résistance
rue Général Foy

Aprem ludique

Yïhaa ! Wouhou ! Arrivé(e) au parc Mitterrand, tu es tout(e) excité(e). Il y a tant d'activités autour de toi, tu ne sais par où commencer. Tu cours dans l'herbe, mais vers où ? La balançoire ? Le toboggan géant de la piscine Raymond Sommet ? Le bowling ? Non, tu sautilles vers le skate park. Ouiiii ! Tu es Tony Hawk. Tu te jettes dans le *bowl*, tu fais des 360°... tout ça sans skate. Tu ne passes même pas pour un(e) débile car tu es seul(e). Ohhh, en montant à un arbre, tu vois une grande sphère blanche, probablement un dôme extra-terrestre. Tu veux grimper dessus. Tout de suite ! Malheureusement, l'ascension est interrompue par un agent de sécurité : « il est interdit de monter sur le Palais des spectacles ».

↳ *Si tu es un(e) adulte, trouve des sorties plus matures page 27.*

Tu as un corps ultra performant, mais aussi un cerveau. Te voilà donc en train d'inventer, avec tes amis Lolo et Bilel, une machine révolutionnaire pour stocker l'électricité chez OpenFactory, l'atelier partagé de la Cité du design. Tu rencontres quelques contretemps dans tes recherches. Trouveras-tu l'inspiration au Mixeur, le tiers-lieu du coin ? Lors d'une partie de basket dans l'ancienne manufacture d'arme ? Dans une expo à la Platine ?

↳ *Le plein d'idées en tête, tu vas changer le monde. Rends-toi page 81.*

↳ *Tu sèches. Inspire-toi à la biennale du design. Relève les dates page 32.*

● (99) La Cité du design : *3, rue Javelin Pagnon – 04 77 49 74 70 – mar. > dim. 11h > 18h*

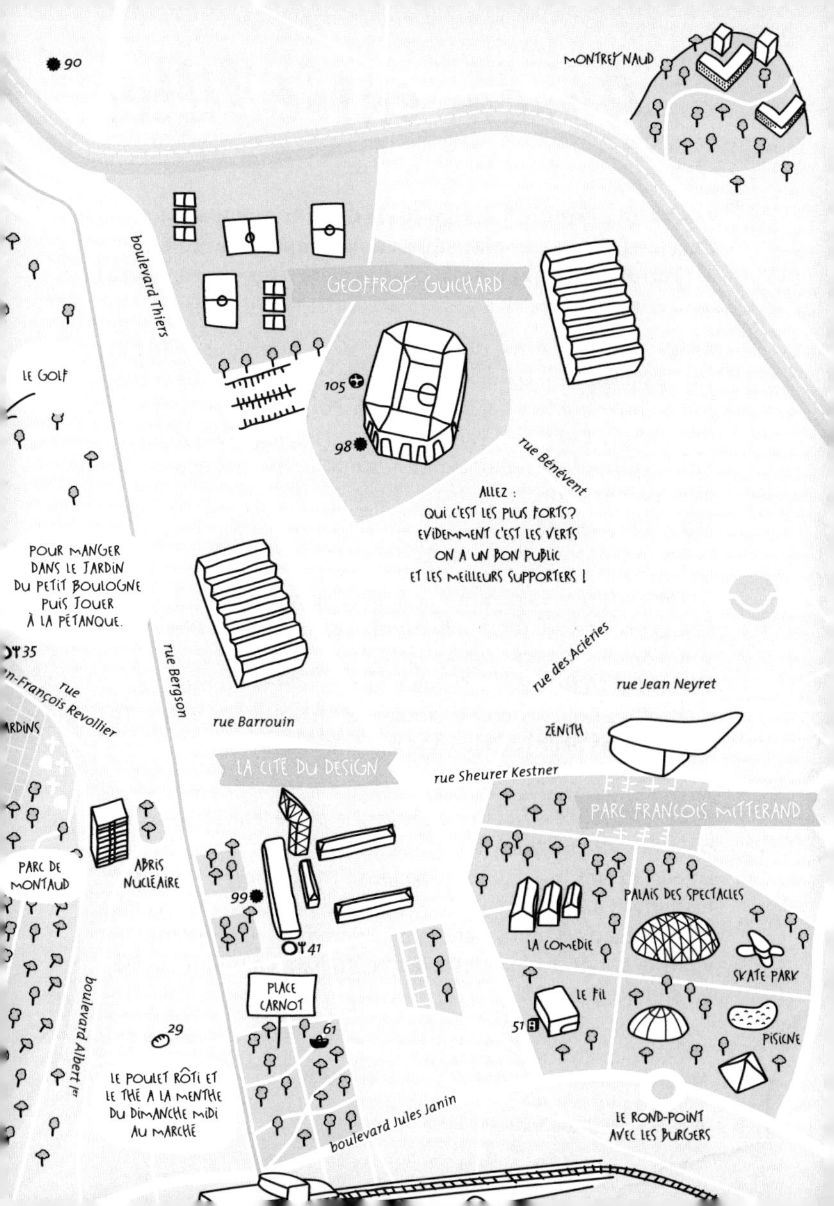
90
MONTREYNAUD
boulevard Thiers
GEOFFROY GUICHARD
LE GOLF
105
98
rue Bénévent
ALLEZ :
QUI C'EST LES PLUS FORTS?
EVIDEMMENT C'EST LES VERTS
ON A UN BON PUBLIC
ET LES MEILLEURS SUPPORTERS !
POUR MANGER
DANS LE JARDIN
DU PETIT BOULOGNE
PUIS JOUER
À LA PÉTANQUE.
35
rue
n-François Revollier
rue Bergson
rue des Aciéries
rue Jean Neyret
rue Barrouin
ZÉNITH
LA CITÉ DU DESIGN
rue Sheurer Kestner
PARC FRANÇOIS MITTERAND
PARC DE
MONTAUD
ABRIS
NUCLÉAIRE
99
PALAIS DES SPECTACLES
LA COMEDIE
41
SKATE PARK
LE FIL
PLACE
CARNOT
boulevard Albert Ier
61
51
PISICNE
29
LE POULET RÔTI ET
LE THÉ A LA MENTHE
DU DIMANCHE MIDI
AU MARCHÉ
boulevard Jules Janin
LE ROND-POINT
AVEC LES BURGERS

Aprem entre filles

Marre du parcours habituel sur la Gran'Rue : H&M, Zara, se faire mater place du peuple, Pimkie, Promod… Aujourd'hui, tu as envie de changement. Qui vas-tu suivre ?

CHIC – Avec une amie du lycée la Salésienne, vous marchez rue Léon Nautin. Dans les boutiques, tu craques sur cette petite jupe qui te va si bien. Hihihi. Pour la pause cosy, une simple Badoit en terrasse, place Neuve. Soudain, ton amie s'effondre en parlant de ses malheurs. Tu l'écoutes avec compassion, tu connais l'horreur des gens dans sa situation page ***18***.

ALTERNATIVE – Tu rejoins une copine du lycée Honoré d'Urfé. Elle te propose un moment détente capillaire chez 2P+C, un salon de coiffure dans un appartement. Tu discutes avec Véro, la patronne, de la dernière expo qui orne les murs, et en profites pour acheter un foulard d'une créatrice locale. Tu seras la plus belle pour la page ***64***.

INDÉPENDANTE – Tu pars seule vers la place Jean Jaurès, pour prendre un thé à la terrasse du Méliès. Lunettes de soleil cachant ton regard, tu te sens forte comme une photo Instagram à 800 *likes*. Forte et intelligente, car tu es devant un cinéma d'art et d'essai ! Bien évidemment, un homme vient te parler. Tu trouves le jeune étudiant charmant, laisse-toi séduire page ***61***.

(81) 2P+C (2 pièces + cuisine) : *3, rue Louis Merley – 04 77 34 02 16 – mar. > sam. 9h > 19h*

(100 + 7) Le Méliès + le café : *10, place Jean Jaurès – 04 27 77 71 46 – tlj 13h30 > 0h*

48h pour séduire

Les incontournables

Merci les copains ! Ils t'ont poussé pour que tu ailles demander son numéro à la terrasse du *Méliès*. T'y es allé. Elle a accepté ! Mais maintenant tu fais quoi ? T'es ingénieur aux Mines ! Tu comprends l'interaction forte des noyaux atomiques, mais l'interaction avec la gent féminine... ça ne se règle pas à coup d'équation. Bon, tu vas essayer d'être romantique !

Le vendredi, tu l'invites à la soirée de ton BDE aux *6 roses*. Pour l'impressionner, tu as mis ton uniforme de l'école. Dans cet univers gris et rose, entouré de gens habillés normalement, tu es l'attraction de la soirée. Ou plutôt l'aversion ! Le coup de grâce est porté lorsque tu lui offres un verre de champagne... Red Bull ! Elle est un peu déroutée et, même si elle rigole, l'alchimie n'a pas fonctionné. Ce n'est qu'une heure plus tard, lorsque tu dégaines ton épée de cérémonie pour corriger des malotrus peu avenants, que l'étincelle jaillit de ses yeux. Elle te redonne une chance le lendemain, bravo vaillant chevalier !

Une promenade romantique au clair de lune ? À Sainté ? Pas possible. L'endroit que te conseille Maman est *L'Insens*, remarquable resto bistronomique. Amanda, la patronne, t'a réservé une petite table romantique et discrète. Mais tu n'es bon qu'à parler de ton mémoire. Amanda tente de te sauver avec le dessert, son fameux chocolat au lait fondant. Mais son cœur ne fondra pas aujourd'hui. Elle est le noyau de l'atome, tu es l'électron qui ne pourra jamais l'approcher. Rentre chez toi et ne perd pas courage, il te reste la physique. Elle t'accompagnera jusqu'à la page **76**, elle !

(8) Les 6 Roses : *2, rue du 11 novembre – lun. > sam. 7h > 1h30*
(39) L'Insens : *10, rue de Lodi – 04 77 32 34 34 – mar. > sam. midi et soir*

HAPPY HOURS

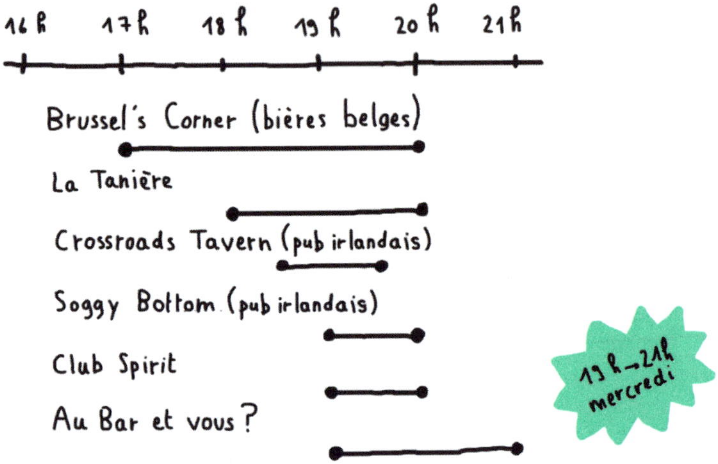

BON... ÇA FAIT PAS BEAUCOUP D'ADRESSES. MAIS T'ES À SAINTÉ, ÇA COÛTE PAS CHER ET, SI TU NE TE FAIS PAS PAYER QUELQUES COUPS, TU N'ES VRAIMENT PAS DOUÉ(E).

18h

SO BRITISH – « A pint of pale ale please. » Lové(e) dans un canapé du Smoking Dog avec tes amis, tu discutes Brexit avec Amanda, 54 *years old, from* Newcastle. Son mari Walter te propose une partie de fléchettes. Si tu gagnes, poursuis victorieusement page ***64***. Si tu plantes toutes les fléchettes dans la bibliothèque en bois, entraîne-toi jusqu'à la page ***68***.

BILLARD – Lyonnais(e) travaillant à Sainté, tu tâches de rester discret(ète) et classe. Même lorsque tu es au Lipopette, les manches élégamment retroussées et que tu gagnes au billard en jouant avec la queue dans le dos, tu ne la ramènes pas. Si tu quittes ce cocon douillet pour prendre le TER vers Perrache, tu mérites la page ***87***. Si tu décides de t'aventurer en quête de nouveaux lieux à conquérir, pars vers la page ***65***.

IMPROVISATION – Tu as répondu à l'offre de l'Amicale laïque du Crêt de Roc : « recherche animateurs pour ateliers périscolaires. Super mal payé. Belle expérience. » Tu donnes donc des cours d'astronomie à 12 ados qui te sautent sur le dos. Mais tu connais rien à l'astronomie ! Ralala... tu penses à ces jeunes qui ne sauront jamais situer la Grande Ourse et tu ressasses avec tristesse le bon temps où tu squattais les bancs page ***48***.

(17) The Smoking dog : *5, rue Georges Dupré – tlj 14h30 > 1h30*

(18) Lipopette : *5, rue St-François – lun. 15h > 23h, mar. > sam. 15h > 1h30*

2600 CALORIES – Tu mangerais bien des légumes... des frites par exemple ? Ni une, ni deux, le menu à 11€ de la Friterie comble tes attentes. Ventre plein, sourire aux lèvres et quelques tâches de gras sur le pull : c'est comme manger chez mamie mais avec 40 amis autour. Tiens, tu appelleras ta grand-mère demain pour lui dire que tu l'aimes. Elle t'accueillera page ***31***. En attendant, file page ***65***.

CONCERT – Voilà 20 minutes que tu marches pour assister au concert de Doorsfall au fil. C'est loin... Tu n'as croisé que 3 passants, tu as froid... Tu veux de la chaleur humaine alors, c'est décidé, dès la première partie, tu lanceras un pogo. Mais pour commencer, réalise l'impossible : trouve quelqu'un pour te guider. Sinon tu risques de finir seul(e) à la page ***66***.

BAR À VIN – Après plusieurs heures dans les rues de Sainté, tu as besoin d'un peu de beauté, d'esthétisme. Tu retrouves donc tes copines chez Demain les Vins pour goûter des productions de jeunes vignerons... et peut-être même y trouver l'amour. Préfères-tu partir avec ce radiologue dégarni qui t'emmènera à l'OBOBaR, page ***18*** ? Ou avec ce brun ténébreux qui t'entraînera jusqu'à la page ***66*** ?

(26) La Friterie : *9, rue Georges Dupré – tlj 12h > 14h, 18h > 1h30*
(51) Le fil : *20, bd. Thiers – 04 77 34 46 40*
(40) Demain les vins : *1 bis, cours J. Bouchard – mer. > sam. midi, jeu. > ven. soir*

22h

INSTRUMENT À BIÈRE – Tu souris, béat(e), en écoutant un mystérieux groupe de folk australien au café-concert la Tanière. Tu te sens dans ton élément et te lances dans un solo d'air saxo. Un mec t'accoste pour te recruter dans sa troupe de théâtre d'impro, qui répète au même endroit. L'offre est généreuse, mais tu sais que tu ne serais bon(ne) qu'en air théâtre. Contente-toi d'interpréter ta chanson préférée jusqu'à la page ***66***.

UNDERGROUND – Avec ta chemise blanche, tu es l'attraction d'Ursa Minor, brasserie reconvertie en lieu artistique. Cela te vaut des compliments d'un punk sensible à ton approche de la vie, avec qui tu partages des râpées sauce avocat/menthe avant le début du concert de *noise*. Si tes repères sont ébranlés, tu retrouveras demain un canapé de bar lounge page ***52***. Si tu trouves l'ambiance gentillette, poursuis vers la page ***68***.

3ᴱ MI-TEMPS – Tu aimes tes amis supporters, l'ambiance virile des stades... Mais ce soir, tu cherches un peu de raffinement : t'asseoir dans un fauteuil Louis XVI avec un cocktail à la framboise et rencontrer de nouvelles personnes. Tu as donc rejoins des ami(e)s au Zanzy bar, l'établissement gay de Sainté et vous entamez une discussion avec un jeune homme qui a l'air bien déboussolé. Découvre son histoire page ***80***.

(19) La Tanière : *9, rue de la Richelandière – mer. > sam. 18h00 > 1h30*
(52) Ursa Minor : *11, rue de l'Égalerie – 09 53 35 51 04*
(9) Zanzy bar : *44, rue de la Résistance – lun. 15h > 1h, mar.> sam. 11h45 > 1h*

GRIVOIS(E) – Le bar est un peu sombre. Dissimulé(e) près des toilettes, on te distingue mal. Le décor idéal pour une « turlute » discrète suivie d'une « perte blanche ». L'« orgie » te tente... Si tu trouves que les noms de cocktails du Vol de nuit sont l'œuvre d'un grand artiste, poursuis la soirée page **68**. Si l'ambiance n'est finalement pas faite pour toi, fonce vers une valeur sûre page **67**.

LATINO – Il fait froid dehors mais toi tu es *caliente* à l'intérieur. Mojito à la main, tu recherches le partenaire idéal pour enflammer la piste de danse du Nùba. Ce sera Miguel, un mystérieux colombien de passage qui t'avoue être tombé amoureux de Saint-Étienne, « y de tu... mi corazón ». Dansez le merengue jusqu'à 4 h du matin, demain vous irez ensemble à la page **34**.

SEUL(E) AU MONDE – Désert complet ! Tu arpentes les rues déjà vides à 19 h, alors à minuit forcément... Tu aperçois parfois des silhouettes au loin puis plus rien... Soudain, place Chavanelle : une oasis ! Des gens à la fenêtre, de l'animation, de la vie ! On te fait même signe d'entrer. Tu te retrouves en soirée dans LA colocation, celle où tout Stéphanois s'est déjà retrouvé. Ne passe pas par la case dodo et poursuis ta route page **70**.

(53) Vol de nuit : *12, rue Élise Gervais – mar. > sam. 20h > 1h30*
(54) Nùba (bar latino) : *11, rue de la Mulatière – mer. > sam. (soir)*

Slag Heaps

Les incontournables

La roue est lancée ! Une décharge d'adrénaline me parcourt. Mes fans sont en ébullition : « Le million, le million ! » Je sens que ma vie peut basculer ce soir, que mon destin sera fixé par la roue lancée à vive allure et qui s'arrête progressivement sur... Shooter ! « Ouiiiiiii !!! » Ben non, je ne suis pas en pas en compagnie de Philippe Risoli, mais au Slag Heaps, devant la roue de l'anniversaire, l'une des attractions du bar.

Ce soir j'ai 30 ans et, comme on est à Sainté, toute la clientèle m'a repéré. En général, les clients se payent facilement des verres alors là, comme s'ils s'étaient donnés le mot, je me fais offrir coups sur coups les 30 whiskies, 30 rhums et 30 cocktails de la carte ! Ingérable... je me contente de tremper les lèvres mais l'assiette de charcuterie spéciale client dans le dur ne sera pas du luxe.

À 3 h, on me demande d'arbitrer des parties de curling et d'*Irish Ring* entre des candidats plus improbables les uns que les autres. Une liseuse de bonne aventure pronostique la victoire des étudiants ingénieurs sur les designers. Bingo ! Ils leur piquent leurs nanas de l'EN3S sur le champ. Un psy de comptoir offre une consultation gratuite. Moi je suis en séance de contemplation : la bizarrerie sympathique des gens devant les murs colorés est une véritable œuvre d'art ! Je demande au patron de passer ma chanson préférée pour profiter encore plus du moment. Aarrff, évidemment, ça lance tout le bar dans un débat musical... à 4 h du mat' ! Heureusement, je connais mes classiques grâce à la page **23**.

(55) Slag Heaps : *8, place Albert Thomas - 04 77 21 93 31 - mar. > mer. 0h > 4h, jeu. > sam. 22h > 5h*

STÉPHANE PLAZA – C'est dingue ce qu'il peut y avoir comme monde pour une visite d'appart en pleine nuit. La *bass music* est forte et ça ne semble déranger personne ! Et puis le comptoir du bar est disproportionné... Mais bon, l'entrée et gratuite, les consos pas chères, et c'est rempli de monde. A priori le F2 ne deviendra pas ton petit nid douillet mais un bon endroit pour faire la fête ! Tente de squatter la chambre d'ami jusqu'à la page ***54***.

INTERGÉNÉRATIONNEL – « Non papy, une DIS-CO-THÈ-QUE » ! Tu as beau lui expliquer que c'est pas le puits Couriot, il ne lâche rien. Ce soir il t'a accompagné(e) à la Mine, boite historique au *dancefloor* flambant neuf mais au physio tolérant ! Tu t'amuses mais papy embête la clientèle. De toute façon vous n'allez pas rentrer trop tard car, demain après-midi, tu passes la journée entre copines page ***60***.

HABITUÉ(E) – « Un maxi Giant, frites, coca s'il vous plaît ». Comme d'hab, tu passes au Quick du rond-point avant d'aller au Must pour la soirée « Ultime mousse ». Vraoum. La BM donne tous ses watts ! Tu fais sensation sur le parking où tu retrouves tes cousins, tes potes d'enfance, toute la plaine quoi. Ne reprends pas la voiture en rentrant. Mieux vaut se poser et faire du camping dans le coin, page ***31***.

- *(59)* F2 : *2, rue de la ville – mar. > sam. 21h > 2h30*
- *(56)* La Mine : *2, cours Jovin Bouchard – mer. > sam. à partir de 23 h*
- *(57)* Le Must : *Les Vorzines (Bellegarde-en-Forez) – 06 98 86 42 00*

Je m'étais promis d'essayer une nouvelle boîte. Mais voilà, à la recherche d'un endroit pour continuer la soirée, j'erre et, quand je finis par lever la tête, je me trouve devant. Je le sais pourtant :

Et la légende dit vrai ! À peine dans l'antre de la nuit stéphanoise, je m'ambiance *illico* sur le *dancefloor* du rez-de-chaussée, sirotant du Picon bière à moindre prix. Après deux morceaux d'ACDC, je change de décor, direction l'étage, et retrouve, comme d'habitude le tout Sainté : jeunes apprêtés, jogging-casquette en passant par des habitués de 50 ans. Derrière moi, 3 mecs sont en train de faire un concours de coups de tête contre le mur... je n'ai pas assez bu pour me lancer avec eux. Pas grave, direction le bar pour la deuxième tournée. Ness, légende vivante du *Bul*, me fait un signe amical de la main. Je discute mais il est temps d'aller s'en fumer une petite. Tanguant un peu, je fais gaffe à pas benner dans l'œil central, qui surplombe le rez-de-chaussée. La fumée dans le bocal est assez dense, je ne vois pas très bien à qui je parle. Il me semble que ce sont deux *poutrasses* fort sympathiques. Elles me proposent de continuer la soirée chez elles. Ben tiens, je vais me gêner ! C'est ça le *Bul* aussi, tous les chemins t'y emmènent, t'emmènent à la page **84**, mais te ramènent rarement chez toi...

8 *(58)* Le Bul : *7, rue Francis Garnier – 04 77 33 42 59 – mar. > sam. 23h > 5h*

LOST IN TRANSLATION – Tu déambules, chemise ouverte, vers la gare de Châteaucreux. Ton train pour Lyon ne va pas tarder à partir. Mais à quoi bon ? Le Lipopette, Ursa Minor, le Slag Heaps... tout ça c'est ta vie dorénavant. Tu demandes aux chevaux bleus et à l'arbre multicolore autour de toi s'ils sont d'accord... C'est décidé, tu restes ! Écris une carte postale à ton (ta) conjoint(e). Relis-la avec émotion page ***71***.

LES VISITEURS – « Nuit. Jour. Nuit... » Que tu es drôle quand tu joues avec l'interrupteur des lampes design de la rue Tessier ! Un(e) génie, qui exprime son plein potentiel quand tu fais tourner le manège de la place de l'hôtel de ville. Ton public est hilare. Vous êtes raides. filme ton ami(e) qui s'est endormi(e) sur un capot de bagnole et réveille-toi page ***54***. Si tu te perds sur la route, cherche de l'aide page ***88***.

PAY IT FORWARD – La première qualité du Stéphanois est l'ardeur à la tâche. Il y a aussi l'humilité. Et puis la gentillesse. Alors quand tu embauches à 6 h, tu te lèves 2 heures avant pour raccompagner les gens égarés durant la nuit. Ta trouvaille de ce matin, un petit gars touchant : « J'suis pas un *pitanche*, j'suis de Saint-Ch'mond, mais là j'sais pu... » Mets-le dans son train et monte en voiture direction la page ***84*** !

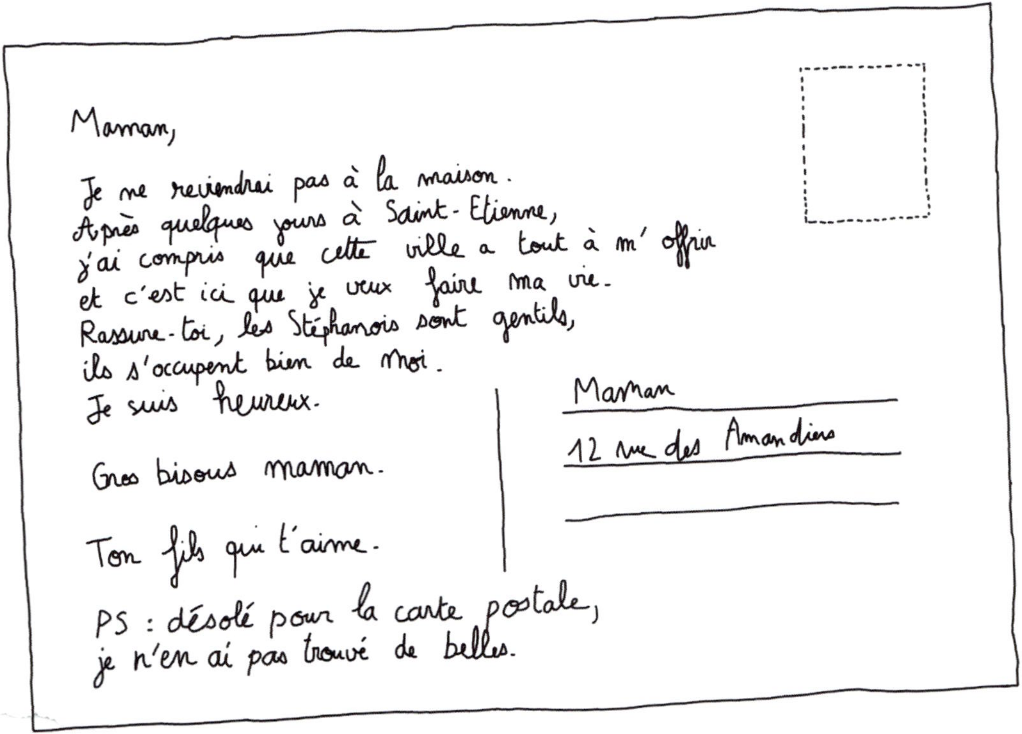
Maman,
Je ne reviendrai pas à la maison.
Après quelques jours à Saint-Etienne,
j'ai compris que cette ville a tout à m'offrir
et c'est ici que je veux faire ma vie.
Rassure-toi, les Stéphanois sont gentils,
ils s'occupent bien de moi.
Je suis heureux.
Gros bisous maman.
Ton fils qui t'aime.
PS : désolé pour la carte postale,
je n'en ai pas trouvé de belles.
Maman
12 rue des Amandiers

TU T'APPRÊTES À ABORDER LES DERNIÈRES PAGES, LES PLUS INSTRUCTIVES. LA LIGNE D'ARRIVÉE EST PROCHE. MAIS ATTENTION, TU POURRAIS PARTIR À LA FAUTE.

expert

Glande

EN VOITURE – Lunettes de soleil ? Ok. Cheveux gélifiés ? Ok. Coude gauche sur le montant de la portière ? Ok. Skyrock sur volume 14, tu te lances dans le tour de la place Jean Jo au volant de ta BM série 3. À chaque fille que tu croises, la procédure est la même : ralentir, deux trois répliques sur un éventuel 07 et tu repars en burnant... La base quoi ! Mouais... tu ferais peut-être bien de t'inspirer page ***78***.

EN PLEIN AIR – Ah tu l'aimes le parc Montaud. Son large panorama, au sommet de la colline, son terrain d'aventure, l'étrange Crêt des 6 soleils, ses jardins familiaux, le golf pas loin... C'est la campagne à deux pas du centre. Enfin... deux pas. Faut quand même se la monter la colline ! Et là t'as la flemme. Vraiment ! Trouve une alternative : un autre parc plus accueillant page ***24***. Bon courage.

À DOMICILE – Lunettes sur le nez, tu es prêt(e) à remplir ta mission. Tu tapes « Saint-Étienne » dans Google et analyses les réponses : « insécurité, moche, mort, blablabla... ». Tu vas alors sur chaque forum pour donner un avis positif de ta ville. Tu ne laisseras personne en dire du mal même si, parfois, tu rêves de destinations exotiques comme Leeds ou Liverpool. Avant de partir, passe par la page ***84***.

Survie

SOIF – Tu es en quête d'un peu de fraîcheur ? Tu recherches le doux bruit du clapotis de l'eau ? Tu fais fausse route : y'en a pas ! Y'a pas d'eau à Saint-Étienne. Si tu es désespéré(e), tu peux tendre l'oreille contre une plaque d'égout place Dorian, pour tenter d'entendre le Furan couler sous terre et rêver d'être au bord de l'eau page **82**.

SOLITUDE – Tu n'as plus rien à manger depuis des jours mais même dans ces moments là, tu penses aux autres. Ton dernier quignon de pain, tu le donnes aux pigeons de la place Chavanelle, tes amis fidèles que tu as su apprivoiser. Rouu roouu. Tu caresses Gris Plume et Placide, qui restent là sans bouger. Peut-être ont-ils trop picoré ? Peut-être sont-ils en fonte ? Va faire un rapide passage page **88**.

SILENT HILL – Disparus à jamais, sans laisser de trace, sans même un au revoir, nombreux sont ceux qui ne sont jamais revenus de Saint-Étienne. Faut dire qu'à moins de 1000€ le m², restos et consommation 30% moins chers qu'ailleurs et une population plus qu'avenante : Sainté tu y viens, tu y restes ! Soit très vigilant(e), relis ligne après ligne la page **8** et choisis bien ton itinéraire si tu espères rentrer chez toi... un jour ou l'autre.

Génie stéphanois

Les Stéphanois sont des génies !

OBSOLESCENCE DÉPROGRAMMÉE – Honoré Blanc présente dès 1784, lors d'une exposition à Paris, le premier principe d'interchangeabilité : il réalise 50 platines de fusils interchangeables, pour pouvoir remplacer la pièce au lieu de remplacer l'arme entière. Principe révolutionnaire à l'époque, mais il ne sera pas pris au sérieux. Puis...

À BICYCLETTE – Velocio, Joanny Panel, Claudius Bouillier, ces Stéphanois, amis ou disciples les uns les autres, sont les pionniers et inventeurs du dérailleur, dont la première utilisation remonte au Tour de France 1911. Ils créent la marque « Chemineau » et voient leur entreprise prospérer dans les années 20. Puis...

PRÊT–À–PORTER – Barthélemy Thimmonier fut l'inventeur de l'ancêtre de la machine à coudre. Logiquement, il fut le premier au monde à ouvrir un atelier mécanique de confection en 1830. Une révolution dans l'ère de la couture ! Puis...

■ ■ ■

des génies parfois incompris, parfois trop bien compris

CREVAISON – Joanny Panel a pris personnellement trois fois le départ du Tour pour promouvoir son dérailleur, qui ne sera véritablement autorisé qu'en 1937. La compagnie Chemineau sera petit à petit effacée par la concurrence et déclinera jusqu'à sa disparation en 1958. À Sainté, on savait faire des vélos ! D'ailleurs on savait faire plein de choses et on sait encore! La preuve page ***26***.

FORDISME – L'un des présidents de l'exposition n'est autre que Thomas Jefferson. Intrigué par ce concept, il écrira des lettres à l'inventeur Honoré Blanc pour en savoir plus sur cette réalisation. Le principe d'interchangeabilité passe alors outre-Atlantique et, 40 ans plus tard, sera utilisé pour la fabrication de pièces à la chaîne : c'est la préfiguration du fordisme. « Sans Sainté, les États-Unis ne seraient pas la puissance qu'ils sont actuellement ! » Cherche qui peut être à l'origine de cette superbe remarque à la page ***55***.

FINIR À POIL – Son premier métier à coudre était tellement efficace, que les ouvriers détruisirent l'atelier de peur de perdre leurs emplois, remplacés par la machine. Ne pouvant rebondir, Barthélemy finira sa vie dans la pauvreté en tant que tailleur d'habits... Quand tu penses que ce que tu achètes page ***29*** trouve son origine chez Barthélemy !

FOOTIX – Tu es innocemment assis(e) en terrasse quand une jolie blonde vient te faire le coup de la recruteuse : « Dis mon (ma) jeune espoir, ça te tente un passement de jambes ? Un tir pleine lucarne ? Même pas une petite séance de tirs au but ? » Tu n'as rien compris car tu ne sais jouer qu'aux échecs et au korfbal, mais tu penses qu'elle s'intéresse à toi. Tente de lui faire partager ta passion page ***35***.

EXCÉDÉE – « Hé Pssstt, toi là-bas sur ton vélo, ouais, toi. T'es bonne ! Pssstt arrête-toi. » Pfff, c'est ton 3e grand moment de subtilité du jour... et en plus ils ont l'accent Gaga. Tu ne réclames pas forcément un grand romantique, mais quand même ! finalement, tu as peut-être fait la difficile, il était pas si mal le chevalier de la page ***61***.

LA BASE – Une virée à la campagne en cabriolet ? T'as pas le permis ! Une promenade romantique sur les quais du Furan ? LOL ! Une sieste crapuleuse dans un parc fleuri ? Les fleurs poussent pas sur le béton ! Ici on est à Sainté... Justement, on est à Sainté ! Pas besoin de passer par la page ***29***, tu l'emmènes simplement boire un Ricard à l'Entre-pots + partie de baby = succès assuré.

(10) L'Entre-pots café : *1, rue des Frères Chappe – 04 77 32 53 49 – lun. > jeu. 15h > 1h, ven. > sam. 15h > 1h30*

Figures locales

Toi aussi tu veux devenir une personne qui compte à Sainté ? Choisis comment tu forgeras ton destin.

CELEBRITY TOUR – « C'est ici que Difool a été dépucelé. Là, Bruno Gaccio a vu pour la première fois un spectacle de Guignol. Dans cette rue, nous verrons le magasin de chaussures des parents de Muriel Robin. La légende raconte que David Gilmour des Pink Floyd y a acheté des baskets en 1966. » Clap clap clap. Les 2 touristes applaudissent. Les débuts sont durs mais tu comptes bien faire de Sainté le French Hollywood. Travaille ton réseau page ***23***.

FUTUR(E) MAIRE – Marre des alternances politiques à Sainté ? Tu as décidé de prendre les choses en main avec ton discours de campagne : « Plus jamais un angle droit ne viendra empêcher un Stéphanois de marcher vers sa destinée. Ceux qui nous rabaissent en disant que notre ville est laide ? Et bien ce sont eux qui sont laids ! Nous sommes travailleurs, nous sommes humbles, nous sommes Stéphanois. Nous avons la créativité pour avoir la vie simple, modeste, riche et heureuse que nous méritons. Allez l'ASSE ! » Le peuple vert en face de toi lève un verre en ton honneur. Admire ton œuvre page ***82***.

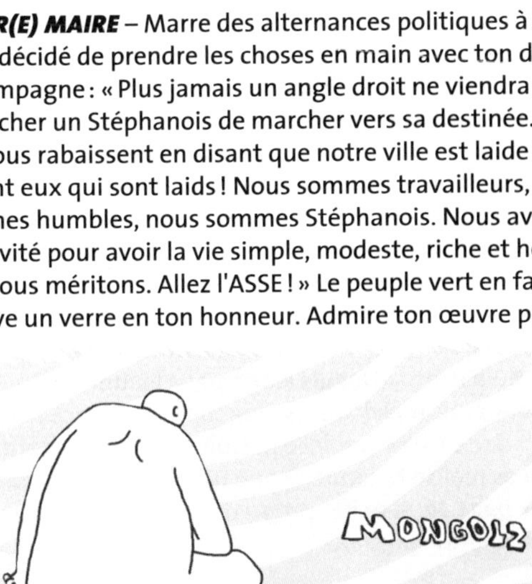

Tabous

COMING OUT – Tu ne veux pas gâcher les 80 ans de Mémé, mais la vérité doit éclater ! Tu te lèves malgré les vertiges. La sueur perle sur ton front, ton pouls résonne contre tes tempes, tu suffoques, mais parviens à parler : « Cela fait trop longtemps que je vis dans le mensonge alors je dois vous l'avouer : je suis fan de l'OL. » Consternation dans l'assistance. Ta mère est en pleurs. Tonton doit retenir ton frère qui veut te gifler. Mémé balance le gâteau, d'un geste de dégoût. Sous la pression familiale tu fuis vers la page ***85***.

TRAÎTRE – Tu es beau (belle), jeune, riche et intelligent(e)... mais Stéphanois(e). Tu voudrais un loft à Paris, une villa à Saint-Trop, un chalet à Courchevel... Tu pourrais te le permettre mais, ici, ça ne se fait pas ! Ceux qui réussissent doivent rester pour aider ceux qui ont eu moins de chance. Si tu décides de fuir la ville en douce, tente le coup page ***32***. Si tu choisis d'assumer ta mission, reste à la page ***84***.

DUR À ENCAISSER – Dans ton bistrot préféré, tu causes des derniers rebondissements du scandale de la fiFA. Philosophe, tu lances au patron : « Depuis le temps, le Platini il a dû tremper dans pas mal d'autres magouilles. » Silence dans salle ! Derrière son comptoir, le patron te jette un regard... noir. Si tu as réalisé la connerie que tu viens de sortir, va faire pénitence page ***40***. Si tu ne comprends pas cette soudaine tension, cache-toi page ***85***.

Grand projet

Au péril du danger, tu as bravé l'interdit pour te retrouver au sommet du crassier du puits Couriot. Dominant Sainté, tu as l'esprit clair, tes idées sont extrêmement limpides. Tel(le) un aigle, tu jettes sur le papier ta vision pour ce lieu emblématique !

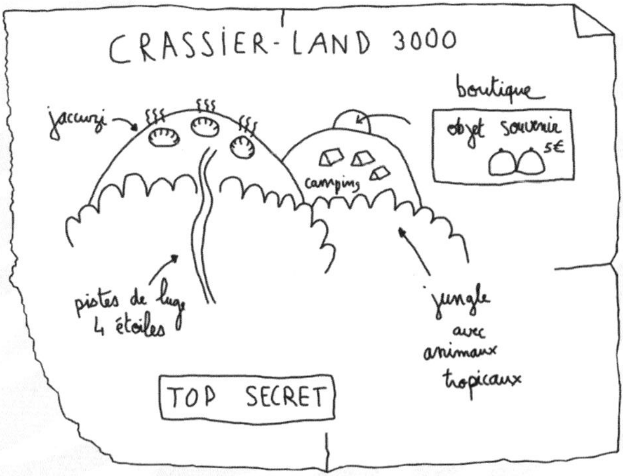

Bon... sincèrement, c'est pas mal. Mais un meilleur projet t'attend. Il te conduira à la gloire. Retrouve Lolo page ***89***.

Sainté 2044

Nous voici en 68 après 1976, d'après toi, lequel de ces futurs Sainté est le plus plausible ?

NOUVELLE CHANCE – On t'a pris pour un(e) fou (folle) mais, depuis que tu es devenu(e) maire et que tu as reconstruit Saint-Étienne à Saint-Victor, tout va mieux. Avec ses bâtiments sans angle droit, inspirés du Centre Deux, la ville est très attractive : aucun commerce fermé, la plage après le boulot... Maintenant, tu attends que l'ancien Sainté s'effondre pour en faire un lac géant. Qu'en penserait ton grand-père page ***17*** ?

DERBY FINAL – Autour de toi, c'est l'apocalypse. La Manufacture d'armes a dû rouvrir ses portes. Le Chaudron ? Parti en fumée depuis le derby 2028 et le siège de Sainté par les Bad Gones. Tu observes les décombres depuis la tour de la cité du Design, mirador du dernier bastion vert. Tu pries chaque jour pour ne pas découvrir dans la mire de ton fusil ce frère, passé chez l'ennemi depuis son incroyable coming out de la page ***80***.

RETOUR À LA TERRE – Saint-Étienne était bien la Détroit française. C'est également la nouvelle Manaus. De la chaleur des crassiers a émergé une végétation tropicale luxuriante. Des panthères descendent toutes les nuits prendre possession des rues désertes. Il ne reste plus que 285 habitants, essentiellement champions de sarbacane, les seuls aptes à se défendre. Le temps de lire ces lignes, un gros félin t'est tombé dessus. Dommage, va à la page ***88***.

Secrets

Dans cette ville, tout le monde se connaît, mais on aime prétendre pouvoir garder des secrets.

TRIBUNE – Suite à un désaccord politique et idéologique, tu es l'instigateur(trice) d'un schisme entre groupes de supporters. Le soir venu, tu organises des réunions secrètes pour rallier des gens à ta cause dans le bar où les membres des kops se retrouvent en toute discrétion, le bonnet ASSE dans la poche, l'écharpe cachée sous le manteau. Tu ne peux pas en dire plus... mais traîne dans le coin page ***43***.

CHEROCKEE – Pour retrouver des membres de sa tribu, Joe l'indien se rend dans un sanctuaire souterrain, où l'on vénère l'Oiseau tonnerre par des rifs et des libations de bière. Mais seuls les natifs du rock doivent en connaître l'existence ! Les visages pâles peuvent toujours tenter de se faire accepter par Sitting Bul page ***69***.

PATTE BLANCHE – En sous-vêtements dans un concert de *noise indus dark*, tu te crois à Berlin-sur-Furan. Lieu auto-géré, prix d'entrée libre et sociologie ésotérique : tu es dans une soirée « meufs, gouines, trans » sur le thème « Autodéfense et mixité choisie comme stratégie de lutte féministe ». Ici, pas de doute, tu te sens libre. Fais une AG pour savoir si tu as le droit d'aller page ***86***.

un bar vers la place Jules Guesde...
un bar vers le centre...
un lieu par delà la voie ferrée, aux confins austraux de Sainté...

Bravo

SAINTÉ FOREVER

Tu as vu New York, Pékin, Buenos Aires... mais quand tu reviens à Sainté, que tu aperçois cet Allemand qui fait du vélo en short et que tu revois tes amis au bar... tu sais que cette ambiance, on ne la retrouve nulle part ailleurs.

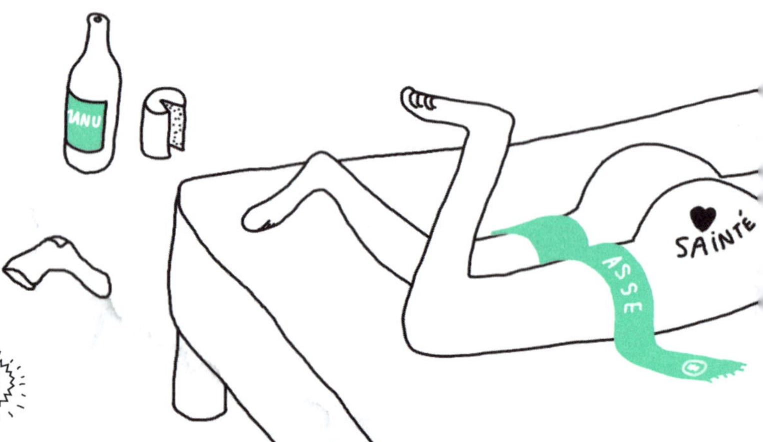

Perdu

HORS SUJET

T'es le genre de mec (nana) à organiser ton anniversaire un soir de match. T'as visiblement rien compris à la ville.

L'herbe ne peut être que plus verte... ailleurs.

Bravo

ADOPTÉ(E)

Tu comptais rester deux jours... au bout de 5 tu connaissais déjà tout le monde, au bout de 8 tu achetais un appart, au bout de 12 tu étais Stéphanois(e)... alors t'es resté(e) définitivement.

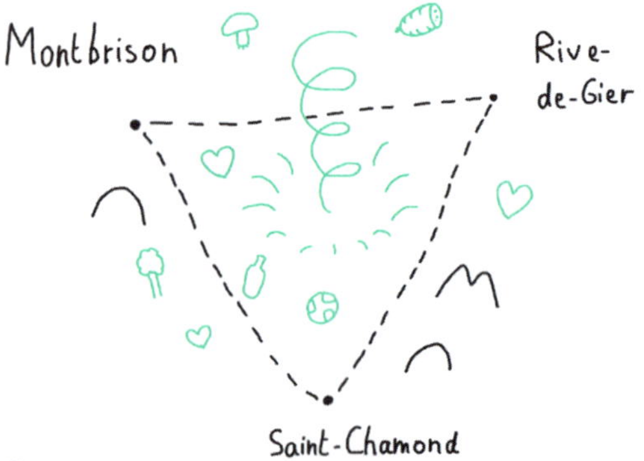

Fin

Perdu

PETITE CHOSE

Tu aimes ce qui est délicat, ce qui est beau et mignon. Saint-Étienne est une ville trop hostile, sa « beauté cachée » t'a laissé(e) de marbre (pour ne pas dire de béton).
Essaie plutôt *Bordeaux Safari*.

Fin

Perdu

HORS-SERVICE

De mauvais choix ont causé ta perte. Tu as commis des erreurs et/ou des excès et tu n'es plus en mesure de poursuivre le jeu / la visite. Trouve un lieu où te retaper et recommence page ***6***.

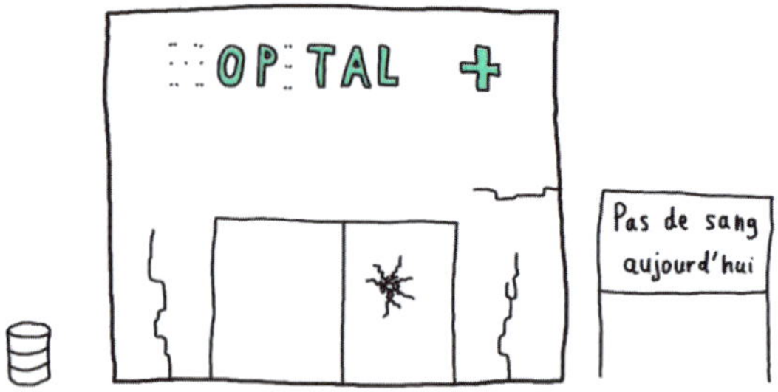

Par précaution, quelques contacts utiles :

Allo taxis 42 au 04 27 86 23 23

Pompiers au 18

Urgences – CHU de Saint-Étienne :

04 77 82 80 00 ou SAMU au 15

Maman : _ _ _ _ _ _ _ _ _ _ (écrire ici le numéro)

bonus

Samedi, 14 h.
Lolo, ton ami chômeur, t'a convoqué(e) à la réunion de son comité scientifique, place du Peuple. Il est au milieu de la foule pour son discours.

« Chers confrères, chères consœurs, je vous remercie d'être venus. Après toutes ces années à échanger nos connaissances et nos savoirs, j'ai le plaisir de vous annoncer que mes recherches touchent à leur fin. Je tiens à remercier les personnes et les institutions qui m'ont soutenu, notamment Pôle emploi, le CCAS et l'ensemble du personnel de la CAF. Comme vous le savez, Saint-Étienne a toujours servi la France, en produisant ses armes loin de l'ennemi, en l'approvisionnant en charbon, en créant Manufrance, la première société de vente par correspondance (Amazon a volé l'idée). Grâce à mon invention, le stockage d'électricité sans aucune limite, Saint-Étienne se mettra à nouveau au service de notre beau pays. Il reste cependant, mes chers collègues, à la mettre en place. Et pour cela, j'ai besoin de vous ! Rejoignez-moi sous mon barnum. »

Tous les gens bizarres au milieu de la place se lèvent, applaudissent. Les gens assis aux terrasses des cafés alentours ne font même pas attention au spectacle. Sous le barnum, Lolo continue son exposé : « Afin de ne pas nous faire voler l'idée une fois de plus, je ne dévoilerai rien. Je peux seulement vous dire que j'ai besoin de stocker énormément de matériaux dans les sous-sols de Saint-Étienne. Qui peut m'aider ? » Connaissant maintenant Sainté comme ta poche, tu sens que tu es la personne de la situation.

Sachant que le sous-sol de Saint-Étienne est un gruyère, tu contactes immédiatement Jean-Pierre, l'ancien mineur. Il est ravi de ton coup de fil. Il peut guider Lolo dans les galeries. Voici son plan : prendre la direction du Musée de la mine, l'ancien puits

Couriot. Il y a encore accès. Mais ce que les autorités ne savent pas, c'est qu'à l'intérieur, toute une génération d'anciens mineurs vous attend pour ce projet secret. Les Polonais sont là, les Italiens, les Algériens... tout le monde ! Ils attendent les consignes.

Parfait, étape n°2 ! Lolo explique : « J'ai besoin d'acheminer plusieurs tonnes de gadolinium pour combler les galeries des anciennes mines. Mon gadolinium est stocké derrière le stade, j'estime qu'avec 40 000 paires de bras, nous pouvons faire le transfert en une journée. Tu as une idée ? » Ni une ni deux, tu appelles Claire, la supportrice de l'ASSE. Elle est partante : « Si tu arrives à m'approvisionner en bière, je te trouve même 42 000 paires de bras. Les kops sont prêts à s'unir pour votre projet. »

Comment trouver autant de bière ? Tous les bars de Sainté n'y suffiraient pas... mais le réseau des amicales laïques oui. Banco ! Tu passes un coup de fil à Momo ! Il peut aisément fédérer tous les bénévoles de la ville et il a une arme secrète pour l'approvisionnement en bière... À Sainté, tout le monde est à 3 coups de fil de la famille Casino. La tâche est un jeu d'enfant.

En attendant que les camions livrent le précieux breuvage aux supporters, Lolo continue à développer son programme : « L'électricité stockée dans le sous-sol de Sainté sortira de manière intense et brute au sommet des collines de Montreynaud et de la Vivaraize. Mon seul problème est d'arriver à réaliser une sorte de cage de Faraday géante pour canaliser toute cette électricité. T'en penses quoi ? » T'en penses que tu connais la femme à l'origine de la tour de la Cité du design, et qu'une telle construction ferait très bien l'affaire ! Tu contactes Sandra. « Of Course. Je peux réaliser une telle structure. Très rapidement d'ailleurs. Ça servira également de chargeur universel et gratuit pour téléphones portables.» Hourra ! Ça c'est du design !

Dimanche, 15h.
La bière a été acheminée aux 42 000 paires de bras bienveillantes ! Tout le peuple vert du Chaudron se met en marche pour amener les matériaux au puits Couriot, au rythme du tambour : « Qui c'est les plus forts, évidemment c'est les verts... »

Sur place, les anciens mineurs s'activent. Lorsque Lolo et toi arrivez, c'est presque terminé. « Mince, le processus de lancement de l'accumulateur va demander pas mal d'énergie, du moins au démarrage ! Au moins l'équivalent de 3 moteurs de 298 ch... Mais où trouver ça à Sainté ! » Lolo a bien fait de compter sur toi, car il te suffit de quelques textos pour rameuter la haute de St-Priest-en-Jarez, Samantha à leur tête, avec leur parc auto de luxe : « Tu veux des chevaux Lolo, tu vas en avoir ! De l'Aston, du coupé SLK, de la Jaguar... » Lolo relie tous ces moteurs à son accumulateur et les heureux propriétaires envoient les watts ! Vroom vroom, les étincelles crépitent, l'accumulateur se lance... mais s'éteint aussitôt. Il manque encore de l'énergie.

C'était sans compter sur l'arrivée miraculeuse du bus de l'ASSE, avec les joueurs sur le toit. Ils sont tous là, même les anciens... même Aimé Jacquet. Le chauffeur appuie sur l'accélérateur, les matériaux se gorgent d'électricité, l'antenne se charge, la boucle est bouclée ! Tout le monde s'applaudit, l'ingéniosité et la camaraderie stéphanoises ont encore payé. La France n'aura plus besoin de pétrole. Au loin une guitare rugit, vous vous retournez : Bernard Lavilliers. Il vient d'apparaître au sommet du puits Couriot. Tel David Hasselhoff sur le mur de Berlin. Il chante *Saint-Étienne*. Wahou l'ambiance est folle, presque autant qu'après une victoire en coupe de la Ligue. Tout Sainté est là pour faire la fête, et c'est en partie grâce à toi.

Bravo, tu es un super Stéphanois !

index

BARS, CAFÉS, VINS

PUBS / BARS À BIÈRE

SALONS DE THÉ

SNACKS, À EMPORTER

BRASSERIES, RESTOS

CONCERTS, BOÎTES & CLUBS

MARCHÉS

index

l'équipe

Elisa Albarosa, Stéphanoise d'adoption, a fait du lobbying pour la réalisation de ce guide. Elle a mis toute sa spontanéité pour nous aider à rassembler le plus de Stéphanois possibles autour de ce projet et assumer le rôle d'ambassadrice sur place. *Sei stata da paura !*

Martin Lavielle, visiteur régulier du Crêt de Roc, a une nouvelle fois assuré la direction graphique et le maquettage de ce guide. Le reste de l'équipe profite de cette occasion pour le féliciter publiquement, ainsi que Coralie, pour la naissance de leur petite fille.

Ulrich Legait, ressource locale du précédent *Grenoble Safari*, a décidé d'assumer sa nouvelle vocation et d'embrasser une carrière d'auteur à nos côtés. Ils a également assuré les contacts avec les partenaires et a mis à profit sa curiosité pour glaner des anecdotes fascinantes sur Sainté.

Florian Rodriguez a pu laisser libre cours à sa passion pour les cultures régionales. Sa passion pour les enclaves territoriales a été pleinement satisfaite par St-Victor. En revanche, sa passion pour le Gaga demeurera sans suite.

Mathieu Zimmer a adoré Saint-Étienne et les Stéphanois(es). Sa fascination pour les villes atypiques a été comblée. Il a dessiné les belles courbes des crassiers avec un plaisir sans cesse renouvelé.

remerciements

Pour la première fois l'équipe *deux degrés* s'est attaquée à une ville inconnue mais fascinante. Pour écrire ce Sainté safari, nous avons fait plusieurs séjours de découverte et de nombreuses rencontres. Nous tenons à remercier tous ces gens croisés, qui nous ont permis de mieux comprendre Sainté.

Nous remercions notamment celles et ceux qui ont répondu à notre invitation au bien nommé Remue-méninges, ou qui ont répondu à nos appels à l'aide sur facebook. Les auteurs remercient Simon, Lise (et Lou) pour leurs observations, leurs conseils, leurs lectures des manuscrits, et leur hospitalité. Merci à Rodolphe et Isabelle pour la soirée découverte et pour la dégustation de roses, à Anne et Mathieu pour le récit de Sainté à travers les collines, à Gaëlle pour s'être parfumée au kebab, à Isabel pour ses contacts et à Clara pour ses informations précieuses. Plus largement, merci à tous ceux qui nous ont accueillis, aidés, renseignés... ou qui ont simplement partagé un verre avec nous. Les Stéphanois savent accueillir avec simplicité !

Nous remercions naturellement nos relecteurs attitrés : Aurélie, Luce, Nicole et Raymond. Nous n'oublions pas non plus Gabriel, toujours investi sur le front des safaris et ce depuis le premier opus

Enfin, toute l'équipe *deux degrés* remercie à nouveaux les partenaires de ce guide : *Chez Lulu, Bar de Lyon, Le 6 Roses, Le Saint Patrick, Le Slag Heaps, F2, Le Rocher de la Grabotte (Chez Sam), L'Insens, La Boulangerie de l'aube, La Brasserie stéphanoise, Le Son du canon, Arrière cour, 2p+C* et *Le Bul.*

Ours

ILLUSTRATIONS ET PLANS
Mathieu Zimmer

GRAPHISME
Martin Lavielle
www.behance.net/martinlavielle

TYPOGRAPHIES
Reporter par Carlos Winkow (1938)
The Sans & The Mix par Lucas de Groot (1994)

IMPRESSION (EN FRANCE)
Imprimerie *France Rol*, St-Jean-d'Illac (Gironde)

PAPIERS
offset PEFC, 100 g et 300 g

ÉDITION
Achevé d'imprimer en octobre 2016 sur du papier issu de forêts gérées durablement avec des encres végétales.
Livre publié par les ***éditions deux degrés.***
www.deuxdegres.net

Dans la collection *Safari* :

- *Bordeaux Safari (sept. 2014)*
- *Grenoble Safari (nov. 2015)*

boutique.deuxdegres.net